病気カルマリーディング

難病解明編

RYUHO OKAWA
大川隆法

本リーディングは、2014年8月2日、幸福の科学総合本部にて、
公開収録された（写真上・下）。

まえがき

「生《しょう》」「老《ろう》」「病《びょう》」「死《し》」は、釈尊《しゃくそん》が人間の代表的な苦しみ、すなわち「四苦《しく》」として唱《とな》えたものである。

釈尊後二千五百年経って、まだ「四苦」の苦しみから人類は解放されていない。医学が発達したといっても、治るべき病気を多少手助けしたり、死期を遅らせたり、病名をつけて患者を納得させたりできるぐらいで、お産の苦しみや、老いる苦しみ、病《やまい》の苦しみ、死ぬ苦しみを消すことには成功していない。

今回、「難病解明編」を世に問うが、人の心と病気がどういう関係にあるのかのヒント集になっていると思う。

所詮《しょせん》、医学も統計学である。標準から離れた精神状態にある人は、関連性のある体の部位《ぶい》に病変《びょうへん》が現れる。心の歪《ひずみ》を修正することにより病気が好転することもあれば、潜在《せんざい》意識が病気を求めているため、医者の予測通り悪化していく場合もある。いたずらに「超人願望《ちょうじんがんぼう》」を持たず、素直な心で運命を抱《だ》きしめることも大切である。

二〇一五年　十月三十日

幸福《こうふく》の科学《かがく》グループ創始者兼総裁《そうししゃけんそうさい》　大川隆法《おおかわりゅうほう》

病気カルマ・リーディング
難病解明編　目次

CHAPTER 1

「性同一性障害《せいどういっせいしょうがい》」に悩《なや》む女性のカルマ・リーディング

CHAPTER 2

ガンで「余命《よめい》三カ月」の男性の病気リーディング

CHAPTER 3

目の難病に罹《かか》った男性の病気リーディング

CHAPTER 4

「余命九カ月」と宣告された男性の病気リーディング

ヒーリングメッセージ
1

過去世《かこぜ》のカルマや病気を透視《とうし》するリーディング

現在、私自身は、さまざまな霊的《れいてき》能力を使っていますが、世界レベルで見ても、おそらく最高度の能力を持っている一人だと思います。

私は、仏教で言う「六大神通力《ろくだいじんつうりき》」に相当するものを持っていて、「過去世透《かこぜとう》視《し》リーディング」も「カルマ・リーディング」もできます。例えば、現在、ある人がアレルギーなどの非常に難しい病気を持っている場合に、「なぜアレルギーが出てきているのか」ということについて、前世《ぜんせ》など、今世《こんぜ》に生まれてくる前まで遡《さかのぼ》ったりして、原因を探究することができるわけです。

また、現在の肉体についても、あたかもCTスキャンをかけるように体を透視し、「どこが悪いのか」ということを知ることができます。〝人間レントゲンゲン〟のような感じで、「ここが悪い」ということが、透視によって、すぐに分かってしまうのです。

さらに、私は内臓の意識とも会話ができます。それを聞くと、世の医者たちは驚《おどろ》いて引っ繰《く》り返ることでしょう。「今から腎臓《じんぞう》の意識と話をしてみます。なぜ病気になったのですか」と問いかけ、「なるほど、そういうことですか」などというような会話を平気で行《おこな》っていることを聞いたら、医者は頭がクラクラするだろうと思います。

これは「フィジカル・リーディング」といわれるものの一つですが、現実に行うことができるのです。

二〇一四年八月二日　東京都・幸福の科学総合本部にて収録

〔進行役はA、対象者は、それぞれB・C・D・E、質問者三名はF・G・Hと表記〕

CHAPTER

1

「性《せい》同《どう》一《いつ》性《せい》障《しょう》害《がい》」に悩《なや》む女性のカルマリーディング

「リーディング」とは、高度な悟《さと》りを得た人特有の「六大神通力《じんつうりき》」の能力の一つであり、魂《たましい》の想念帯《そうねんたい》のなかに入り込《こ》み、意識を読み取る「マインド・リーディング」や、特定の場所に霊体《れいたい》の一部を飛ばし、その場の状況《じょうきょう》を視《み》てくる「遠隔透視《えんかくとうし》リーディング」、CTスキャンをかけるように肉体を透視し、内臓の臓器と対話して病巣《びょうそう》部を特定する「フィジカル・リーディング」などがある。さらに、著者の場合は、現在のみならず、過去・未来の時間をも指定して見通すことができる。いわゆる六大神通力の「神足通《じんそくつう》」と「天眼通《てんげんつう》」をミックスさせた、時空間を超《こ》えた霊能力である。

「代理を通しての遠隔《えんかく》リーディング」を試みる

大川隆法　よろしくお願いいたします。

（目の前に座《すわ》っている「リーディング対象者の代理」のFを指しながら）この方がなぜ座っているかは分かりませんが、とりあえず始めましょうか。

進行役A　はい。本日の一番目は、女性が対象者なのですが……。

大川隆法　ああ、本人ではない？

進行役A　ええ。（Fを指しながら）月刊「ザ・リバティ」編集部の同僚《どうりょう》の男性が、対象者についてご説明させていただきます。つまり、〝別に〟対象者の女性がいまして……。

大川隆法　ほかに、対象の人がいるわけですね？

進行役Ａ　はい。

大川隆法　ああ、分かりました。「その人の代わりに訊《き》いてくれる」ということですか。

進行役Ａ　はい、そうです。「遠隔《えんかく》のリーディング」ということになります。

大川隆法　遠隔ですか。

本日は病気系なので、オフェアリス神とエドガー・ケイシーの二人を支《し》援霊《えんれい》に仰《あお》ぎまして、お答えしていきたいと思います。では、お願いします。

本書に掲載している事例（4例）のリーディングの支援霊

●オフェアリス神

古代エジプトにおいては「復活神話」で有名な「オシリス」と呼ばれる存在であり、幸福の科学では地球神「エル・カンターレ」の分身とされる。6500年ほど前のギリシャに生まれ、のちにエジプトへ遠征し、エジプトに繁栄をもたらした王として民の絶大な支持を得た。オフェアリス神は「奇跡」と「神秘」の神であるとともに、「繁栄」と「芸術」の神として、ギリシャ・エジプト文明の源流となった。

王座に座るオシリスの絵

映画「神秘の法」（2012年公開）で描かれた青年の姿のオフェアリス神

●エドガー・ケイシー

（1877～1945）
アメリカの予言者、心霊治療家。「眠れる予言者」「20世紀最大の奇跡の人」などと称される。病気の治療法や人生相談等に対し、催眠状態での「リーディング」を1万4千件以上行った。幸福の科学の霊査によると、エドガー・ケイシーの魂の本体は、七大天使の一人で医療系団の長でもあるサリエルであり、旧約の預言者イザヤとしても生まれている。

対象者の「性同一性障害《せいどういっせいしょうがい》」には、どのような症状《しょうじょう》が現れているのか

進行役A　（Fに）それでは、対象者の説明をお願いいたします。

質問者F　はい。本日は、このような機会を賜《たまわ》りまして、まことにありがとうございます。

対象者Bさんは、一九七六年生まれの女性です。現在、三十七歳《さい》。「ザ・リバティ」編集部で、部長代理の仕事をさせていただいています（年齢・役職は収録当時）。

この方の症状《しょうじょう》としましては、「性同一性障害《せいどういっせいしょうがい》」というかたちで現れており、物心《ものごころ》がついたころから、女の子として扱《あつか》われることには違和感《いわかん》を持っていたそうです。

大川隆法　ほう。

質問者F　そして、ピアノの発表会などで、親から、「ワンピースを着なさい」とか、「スカートをはきなさい」とか言われると、激しく泣いて抵《てい》抗《こう》していたという過去があります。

ただ、中学校に入って、制服でスカートをはくようになったときには、抵抗感はあったものの、「そんなものか」ということで、しかたなくはき続けたそうです。

また、男性に対する恋愛《れんあい》感情というのは、非常に薄《うす》いということです。

大川隆法　恋愛感情は薄いのですね?

質問者F　はい。それで、学生時代の当初より、「政治家になりたい」という気持ちを強く持っている女性です。

幸福の科学の職員になった当初は、「女性は補助者」という当時の一部の方の考え方に、「うん?」という感じは持っていたのですが、今は、まったく、問題も引っ掛《か》かりもなく、聖務《せいむ》に携《たずさ》わっています。

ただ、聖務面において、自己イメージでは、「肉体面で、もっと馬力《ばりき》が出るのではないか」と思うことがあり、何となく、性別的な面で、「この肉体は不便だな」というような感じが出てくることはあるということです(笑)。

大川隆法　(瞑目《めいもく》したままうなずく) 分かります。

質問者F　はい。今までは、「ザ・リバティ」編集部、第一編集局、HS政経塾《せいけいじゅく》、そして、政党(幸福実現党)などを経験しています。

大川隆法　うーん。今は、編集部に来ているのですか。

進行役A　そうです。「ザ・リバティ」の編集部のほうで活躍《かつやく》されています。

みなさんからは、「軍曹《ぐんそう》」というニックネームで呼ばれています。

大川隆法　軍曹？

進行役A　はい。この方は女性なのですが、不思議と〝軍事〟的な感性を非常に強くお持ちなものですから（苦笑）。

大川隆法　はい、はい。

対象者に現れる「もう一つの持病《じびょう》」とは

質問者F　それで、一点だけ補足ですが、「性同一性障害と関係するかどうか」は定《さだ》かではないのですけれども、本人には、「寒冷《かんれい》じんましん」という病気がありまして、彼女は幼少期から寒《さむ》さが苦手《にがて》で、寒い季節は体調を崩《くず》しやすく……。

大川隆法　寒い季節に、体調を崩して、じんましんが出るのですか?

質問者F　そうですね。じんましんが出始めたのは、大人になってからということで、寒いところに行くと、手足が真っ赤になって、かゆくなるとのことです。それで、医者にかかったときに、「これは寒冷じんましんですね」と言われたことがありまして、お風呂《ふろ》に入って温《あたた》まると、そうした症状は消えるということです。

大川隆法　ほう。

質問者Ｆ　ただ、「これが、性同一性障害と、どうかかわっているか」ということについては、本人は「定かではない」とのことです。

大川隆法　ああ、そうですか。では、夏場とか、暑い季節は出ないということですか？

進行役Ａ　ええ。健康でいらっしゃいます。

大川隆法　うーん。

生まれてくるときに、性別に関する問題点が何だったかを探《さぐ》る

進行役Ａ　この方は、服装などは、ほとんど黒か紺《こん》で統一されていまして、男性用の服みたいなものをいつも着ていて……。

大川隆法　うん、うん。見たことはあります。

進行役Ａ　ああ、そうですか（会場笑）。優《すぐ》れた人材で、部下養成力に非常に長《た》けた方です。

大川隆法　ああ。では、「生まれてくるときに、何か間違《まちが》いがあったかどうか。予定と違っていたかどうか」あたりが、感じられるところではありましょう。

（Fを指して）ただ、「代理人」に話すというのも、何とも言えないものがありますね。

進行役Ａ　たいへん申し訳ありません（会場笑）。

大川隆法　この人を相手にしながら、リーディング対象者の話をするのは、やや、何か……。何と言ったらいいのでしょうね。

進行役Ａ　本当に申し訳ありません。

大川隆法　（進行役のＡに）それとも、これは、あなたに話せばよいのでしょうか。

進行役A　今、（対象者が）出張に行っておりまして……。

大川隆法　ああ、そうですか。そのようなわけで、本人ではない人（男性）に対して、「女性が座っている」と思って、話さなければいけないということですが、まあ、やってしまいましょう（手を二回叩《たた》く）。

進行役A　ありがとうございます。

視《み》えてきた、竹槍《たけやり》訓練を行《おこな》っている「直前世《ちょくぜんせ》」の性別は？

大川隆法　はい。

（瞑目し、対象者の代理のFに右手をかざし、その手を、円を描くように回しながら）では、ご相談の、性同一性障害の疑いのある職員の原因、さらには、寒いときに起きるじんましん等も含《ふく》めて、何か、霊的な原因があるかどうか、「透視《とうし》」兼《けん》「リーディング」をやってみたいと思います。

（約三十五秒間の沈黙《ちんもく》）

視《み》えてくるのは、まずは、竹槍《たけやり》みたいなものを持って、走っている姿です。

（約十秒間の沈黙）

意外に、直前世《ちょくぜんせ》は近いですね。近くて、先の第二次大戦、大東亜《だいとうあ》戦争のときに、「男ではなかったのが、すごく悔《くや》しかった」という思いを持っているようです。ですから、直前世はわりに近くて、数十年前ですね。やはり女性ですけれども……。

進行役Ａ　女性ですか。

大川隆法　うん。女性です。女性で生まれているのですが、竹槍を持っているという以上、これは戦地ではないですね。本土です。日本の国内で、アメリカ軍が上陸してきたときの「本土決戦」に備えて訓練している女子隊ですね。女子部隊みたいで、年は若いです。若いですけれども、女子学生でしょうかね。そうだと思いますが……。

進行役Ａ　女子学生でいらっしゃる。

大川隆法　うーん。何か、日の丸のような……、いや、日の丸ではなくて、これは、日露《にちろ》戦争のときの「Ｚ旗《き》（危急存亡《ききゅうそんぼう》の際、使用された信号旗）」のようなもの、あるいは、〝朝日〟が出ているようなものかもしれません。

進行役A　旭日旗《きょくじつき》ですか。

大川隆法　うーん。何か、そのようなものを身につけて、もんぺをはいて……。もんぺですね、これは。おそらく、もんぺだと思われますが……。

「竹槍」、あるいは、「薙刀《なぎなた》」もありますね。薙刀も、ときどき持っています。そして、藁人形《わらにんぎょう》みたいなものに突撃《とつげき》するような練習などをしているのが視えますね。

大日本帝国陸海軍で使われた十六条旭日旗。

信号旗にはさまざまな種類があるが、「Z」がアルファベット最後の文字であることに掛け、日露戦争時には「Z旗」に「皇国ノ興廃此ノ一戦ニ在リ」という必勝の意味を込めて旗艦「三笠」に掲げた。

「竹槍《たけやり》を持つ女子学生」のビジョンが象徴《しょうちょう》しているものとは

大川隆法　その心は、いったいどこにあるのでしょう？　うーん、場所はどこですかね……。

（約三十秒間の沈黙）

うーん、やや南のほう……。だけども、沖縄《おきなわ》ではないような気がするな。

進行役Ａ　沖縄ではない。

大川隆法　沖縄で、直接、ぶつかってるようには視えないので、これは九州の……、南のほうだから、おそらく、特攻隊《とっこうたい》が出ているあたりに、近いあたりなのではないかと思います。特攻隊の基地の近くです。

（彼女は）特攻隊で突《つ》っ込《こ》んでいく男たちを知っていると思いますが、その近くで訓練している女性のほうでしょうね。

進行役A　はあぁ。

大川隆法　まあ、特攻隊の横で竹槍《たけやり》訓練をしているというのは、もう〝情けない〟話ですが、確かに、とても悔《くや》しい感じですかね。

進行役A　女子学生の若い人たちを指導しているリーダーのような存在でしょうか。

大川隆法　うーん、だから、軍需《ぐんじゅ》工場みたいなところでも働いていたと思いますが、最後のほうになると、軍事教練もかなり始まってきていたようで、（敵軍が）本土上陸すると……。

進行役A　ああ、本土上陸の決戦に備えて……。

大川隆法　本土上陸といえば、「沖縄の次は九州も来る」と見ていたようで、そのときに、やはり、竹槍とか、薙刀とか、いろいろなものを持って突っ込んでいく訓練をやっていますね。

それで、男であれば、特攻で、沖縄まで突っ込んでいけるのに……。

昭和20年6月、国民義勇兵戦闘隊が組織された（右：鹿児島県志布志町での訓練の様子。上：17歳から40歳までの女性も義勇兵に加わった。写真：『グラフィックカラー昭和史8』研秀出版／学研アソシエ）。

進行役A　ああ、特攻に行きたい？

大川隆法　うん。「行けないのは、すごく悔しい」という思いを持っています。

視《み》えてきた直前世《ちょくぜんせ》と、今世《こんぜ》を貫《つらぬ》く「悔《くや》しさ」と「追及心《ついきゅうしん》」

大川隆法　前世《ぜんせ》も女性ですね、残念ながら。

進行役A　ああ、前世は女性ですか。

大川隆法　「残念ながら」と言っていいのかどうか分かりませんが、前世が男でないのを、すごく悔《くや》しがっているのに、「今回も女性だった」ということに対しては、これは気をつけないと、宗教的には少し問題はあるかもしれませんが、やや、〝神を呪《のろ》いたい〟気持ちも持っています。

進行役A　対象者自身は、純粋《じゅんすい》な性格の人ですけれども（苦笑）。

大川隆法　ええ。「なぜ、男にしてくれなかったか。男に生まれていれば戦うのに、なぜ、女にした!?」というような〝呪詛《じゅそ》〟が、どこかの部分に、少しありますね。

進行役A　（驚《おどろ》いて）はあぁ。

大川隆法　「前世を生きているとき」か、「あの世に還《かえ》ったとき」か、「今回、生まれたとき」か、あるいは、三カ所全部でか、神に対する〝呪詛〟が、やはり、少しありますね。「なぜ、私を男に生まれさせなかったのか」

ということを……。

進行役Ａ　自分の願う「性」に生まれられなかったことに対して……。

大川隆法　そう、そう。「男だったら戦うのに」と。

進行役Ａ　なるほど。

大川隆法　うん。その気持ちが、今も、「仕事としては、男性がやる仕事をしたい」というような感じで、非常に強く出ているのです。ですから、「二回続けて自己実現を阻《はば》まれた」みたいな感じで、内心、すごく強く思っていますね。この「生まれ変わりのシステム」の理不尽《りふじん》さについて、今、「責任者は出てこい！」と言って、追及《ついきゅう》している感じをすごく受けます。

進行役A　（苦笑）理不尽な思いが、胸に溜《た》まっているわけですか。

大川隆法　うーん。例えば、「編集系などには、もう、あなたも含めて、何か、〝ふにゃっ〟とした男がたくさんいる。なのに、なぜ、それが男で、私が女なんだ⁉」というような感じですかね。

質問者F　本人も、「男性に対して、弱く見えるときがある」ということも申しています。

大川隆法　いや、もう、足で踏《ふ》みつけたいぐらいでしょう。

進行役A・質問者F　（苦笑）

大川隆法　頭を踏みつけ、「気合いを入れてやる！」と言って、本当に、軍曹になって、気合いを入れたいぐらいの感じでしょうね。

進行役Ａ　なるほど。

大川隆法　「永遠の0《ゼロ》」（映画・二〇一三年公開）などは、自分が主演で出たかったぐらいなのではないですか。

進行役Ａ　ああ、そうですか（会場笑）。この方は、女性への指導力がとても高くて、女子からは非常に慕《した》われているのですが、自分自身は、周りから男性的な見方をされているという、非常に不思議な構図です。

大川隆法　いや、それに対して、今、彼女は、「生まれ変わりのシステムを誰《だれ》が決めたのか」ということに対して、すごく不満感と探求《たんきゅう》・追及《ついきゅう》の心を持っていて、その思いが止まらないですね。

それを決めた者まで捕《つか》まえないと駄目《だめ》かもしれません。

進行役A　（苦笑）やはり、直前世の影響《えいきょう》を受けているのですね。

大川隆法　うーん。直前世のほうの「悔しさ」があるわけです。九州で、特攻隊が出ていったのは、どこだったでしょう。鹿屋《かのや》（鹿児島《かごしま》県）でしたかね？

進行役A　鹿屋です。

質問者F　鹿屋に特攻隊の基地が……。

大川隆法　ありましたね。ですから、その近くだと思われます。

質問者F　鹿児島県には、同じく特攻基地の「知覧《ちらん》飛行場」もあります。

大川隆法　うーん、あのあたりにいたのでしょう。沖縄ではないと思いますが、沖縄方面に向けて、特攻に向かっていた人たちがいたところですね。

別に、「何か、恋愛関係があって、引き裂《さ》

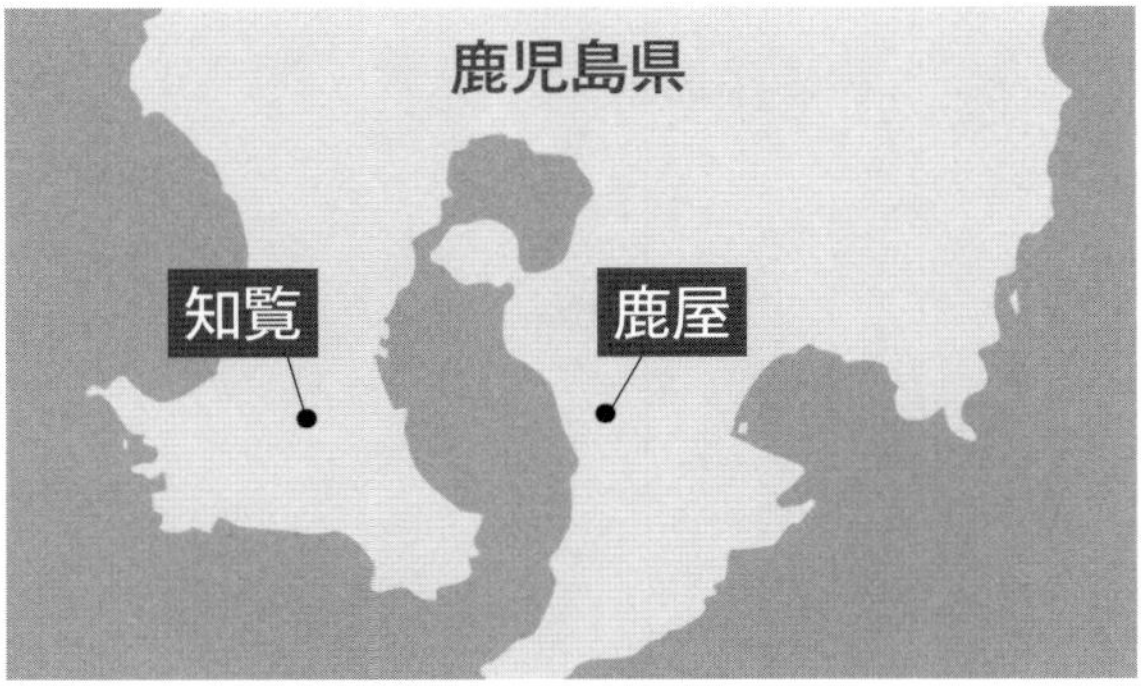

大東亜戦争時、特攻基地のあった鹿児島県の鹿屋および知覧。

かれた」というわけではありません。そういった関係は、特にないと思います。

進行役Ａ　分かりました。

大川隆法　それは特になくて、女であって、竹槍や薙刀ぐらいで、上陸したアメリカ兵に突っ込んでいくような訓練ばかりやらされたのに対して、頭にきている感じでしょうか。

　確かに、航空機などは、今ぐらいになってくると、女子でも操縦できるものもありますから、アメリカであれば、けっこうやっていますし、日本も少しやっています。運動神経は少し要《い》るものの、機械の性能がよくなれば、女子でもできないことはありません。ボタンを押《お》せば、ミサイルも撃《う》てますので、今であれば、いけるでしょう。

進行役A　なるほど。

急進派の「維新《いしん》の志士」だった、もう一つ前の「前世《ぜんせ》」

進行役A　今回の例は、「性を間違えて生まれてしまった」ということではなくて、まったく違うパターンの……。

大川隆法　ですから、もし、二回続けて女子に生まれたのなら、「理由」がある可能性はあります。その理由は、〝もう少し前（の転生）〟まで視《み》ないと分からないかもしれません。

あるいは、そうさせた人がいるのかどうかですね。「責任者は、今度、出てこい」と言っていますから。

進行役Ａ　責任者ですか（会場笑）。……それは「神」です（苦笑）。

大川隆法　つまり、そうした生まれ変わりのシステムについて、「偶然《ぐうぜん》なのか」、それとも、「責任者がいて、それを決めたのか」ということですが、「（あの世の）役所が決めている」という話もありますから、「役所で『女』と判子《はんこ》を押して出てきた」というのであれば、「決めたやつは出てこい」というような感じで追及していますね。

進行役Ａ　ああ、そうした生まれ変わりの〝手続き〟ですか。なるほど。

大川隆法　「怠慢《たいまん》は許さん」というわけです。

進行役Ａ　はい。

大川隆法　ですから、もう一つぐらい前も、視たほうがいいかもしれませんね。

進行役A　では、あと一つだけ、前世《ぜんせ》の探究《たんきゅう》をお願いいたします。

大川隆法　（瞑目《めいもく》し、腕《うで》を胸の前で交差させる）

そのような気持ちになる女子の前世というのは、どのようなものでしょうか。あるいは、天上界《てんじょうかい》から女子に生まれさせたくなるような前世が、何かありましょうか。

（約二十五秒間の沈黙）

ああ、明治維新《いしん》のときもいたみたいですね。

進行役Ａ　明治維新に生まれていたんですね。

大川隆法　うーん、このときは、わりあい、派手《はで》に動いている感じがしますね。

先ほどから、名前としては、「品川弥二郎《しながわやじろう》」という名前がよく出てきます。

進行役Ａ　品川弥二郎ですか。

品川弥二郎（1843 ～ 1900）
長州藩出身の政治家。16 歳で松下村塾に入門し、尊王攘夷運動に奔走。明治維新後は農業振興等に尽力し、第１次松方内閣の内務大臣等を務めた。

大川隆法　という名前が出てくるのですが、だとすれば、伊藤博文《いとうひろぶみ》などと一緒《いっしょ》に焼き討《う》ちをやっていた一人ではないですか。

進行役Ａ　はい。そうですね。焼き討ちをしていた一人です。

大川隆法　イギリスの公使館《こうしかん》だか何だか……。

進行役Ａ　はい。（駐日英国公使としては）

英国公使館焼き討ち事件　1863年、幕府が御殿山（現在の東京都品川区北品川）に建築中だった英国公使館を、尊皇攘夷派の志士が襲撃して全焼させた事件。（右：明治期の品川界隈／左：事件後、麹町五番町に建てられた英国公使館〈瀬川光行編『日本之名勝』から〉）

パークスが有名ですね。

大川隆法　ああ。（品川弥二郎は）そのイギリス公使館のところとかに、「焼き討ち」をかけたりした……。

進行役Ａ　はい、そうです。焼き討ちをかけました。

大川隆法　現代で言うと、「イスラム過激派のテロリスト」ですね。

進行役Ａ　テロリストのような「過激な心」を持っている人ということですか。

大川隆法　うーん、〝テロリスト〟ですね。まあ、今、はっきり言えば。

質問者F　本人も、「ザ・リバティ」の号外などをつくらせていただいておりまして、それが全国で使われたりしていますので、そういった意味で、役割としては、非常に、今の救世活動とマッチしているのかなと感じます。

大川隆法　うーん、そうですね。まあ、テロリスト的な人ですが、「テロリスト」と言ってはいけないですね。「維新の志士」です。

進行役A　維新の志士としての魂《たましい》を持っているということですね。

大川隆法　ええ、維新の急進派、過激派ですね。

進行役A　はい。

大川隆法　ですから、焼き討ちや、人斬《ひとき》りぐらいは、平気でやっていますね。かなりやっています。

進行役A　はあ。今世《こんぜ》では、剣《けん》ではなく、すごくペンが立ちます。

大川隆法　そうですか。まあ、そうした前世があるがゆえに、「政治」や「革命」、「暴動」などは好きでしょうね。

進行役A　（苦笑）暴動ですか。

大川隆法　おそらく、「好き」だとは思われます。

「二回連続で女性に生まれた」ことの「神意《しんい》」を探《さぐ》る

理由① 今世《こんぜ》は「女性の時代」が到来《とうらい》する

大川隆法　なぜ、そのあと二回、女子になったのでしょうか。うーん、品川弥二郎……。

まあ、このへんで「神意《しんい》」、「神様の心」を確かめないといけないですね。

（瞑目し、右手刀《てがたな》を顔の前に立てる）

なぜ、女子に生まれて、自分で性別を選べなかったのでしょうか。なぜ、こうなったのでしょうか。〝責任者〟は、誰であったのでしょうか。誰がそうしたのでしょうか。

（約五秒間の沈黙）

「これは、本人の自覚の間違いなんだ」と言っています。

「今回は、女性の時代が来るんだ。女性であることのほうが有利になるんだ。これが分かっていない」と言っていますね。「男」ではなくて「女」の時代が、もう少ししたら来るのだそうで、「女子で生まれたほうが有利なんだ」と言っています。

「惜《お》しむらくは、女子に生まれても、女性っぽく見えたほうが有利だったことを、本人が計算できなかったところが残念だった……」。

進行役A　それは残念でしたね。

大川隆法　「女性らしく生まれたほうが、『女性の時代』には有利だったのに、男を目指したところに、やや不利な面が出てしまった」。

進行役A　読み違いが、少しあったという。

大川隆法　「男でなくては仕事はできない」と深く思い込んでいるところがあるために……。

理由②　「魂《たましい》を休ませよう」という配慮《はいりょ》があった

大川隆法　あと、女子に二連続で生まれた理由の一つは、明治維新期の戦いで、若干《じゃっかん》、荒《あら》っぽかった面もあったのかなとは思いますね。つまり、「男に生まれたら、もう、命が幾《いく》つあっても足りない」というように思って、〝配慮《はいりょ》した人（霊人）〟がいるような感じはします。

おそらく、この人の〝魂《たましい》の家系〟のなかに、何か、ある程度、「まとめ役」というか、「世話役」のようなことをしている人がいるように思うんですよ。

その人が、「男子に生まれると、イスラム過激派みたいになる」と見て配慮したのと、先の戦争のときも、「男子で生まれたら、命を長らえないような死に方をするだろう」と予想していた面もあったのかなと思います。

おそらく、男性的に行《い》って、ものすごく過激な生き方をした場合、「魂の休息《きゅうそく》のために、多少、女性を経《へ》て、力を蓄《たくわ》えてから、また、男性で戦う」というのもあるのかもしれませんね。

まあ、今、聞こえてくる内容から見ると、「だいたい、五人以上、人殺しをした場合は、次回、転生《てんしょう》では女性になる場合が多い」と言ってよいでしょう。

●魂の家系　人間の魂は原則として六人のグループからなり、それを「魂のきょうだい」という。ここで言う“魂の家系”とは、「魂のきょうだい」や「ソウルメイト」と呼ばれる縁の深い魂たち、また、指導役の霊などを指す。

進行役Ａ　五人以上を殺《あや》めてしまうと、女性として……。

大川隆法　生まれることは多いと言ってよいでしょう。

進行役Ａ　なるほど。

大川隆法　一般《いっぱん》的にはね。

進行役Ａ　はい。一般的には……。

大川隆法　それで、少し〝休まないといけない〟というわけです。

進行役Ａ　なるほど。

大川隆法　その意味で、もっと「過激」に戦える人なのでしょう。そのへんのところを、今、魂的には葛藤《かっとう》しているのだと思います。

進行役A　なるほど。心のなかで葛藤が起きているわけですね。

大川隆法　ああ、起きているのだと思います。

女性が「政治家」になるために取るべき「戦法」とは

進行役A　今、「品川弥二郎」という固有名詞が出ましたが、これは、ご本人でしょうか。あるいは、品川弥二郎に関係する魂でしょうか。

大川隆法　うーん……。

とにかく、伊藤博文にこき使われたというか、よく尽《つ》くしたというか……。

進行役A　縁《えん》があるんですね。

大川隆法　まあ、〝汚《よご》れ役〟をやったような感じのイメージは、出てきますね。ですから、本人の可能性が高いとは思いますけれども。

進行役A　はい。今世《こんぜ》でも、幸福実現党の党首とは非常に懇意《こんい》で……（幸福実現党党首の過去世《かこぜ》の一つが伊藤博文であることが以前の霊査《れいさ》で判明している）。

大川隆法　確かに、「政治のほうに惹《ひ》かれる」というのは理由があるのかもしれませんが、政治のほうに惹かれるのであれば、そうした男性願望を、むしろ水面下に隠《かく》して、表側は女性らしさを出して、男を〝騙《だま》さなければ〟いけないのではないかと思いますね。

進行役A　なるほど。

大川隆法　あまり、「男性的に見えすぎる女性」というのは、どうしても、少数支持になるので、メジャーになりたかったら、できるだけ、外側は女性に見えるように努力して、内側に闘志《とうし》を秘めて隠しておくほうが、感じとしてはやりやすいように私は思います。

その意味で、「戦法的」には、若干《じゃっかん》、今世の生き方に間違いがあるのではないでしょうか。

解き明かされた、「もう一つの持病」が出る理由

大川隆法　さらに、「〝寒さアレルギー〟みたいなものが出る」という症状（寒冷じんましん）ですが……。

（瞑目し、約十秒間の沈黙）

この人は、一度〝お仕置《しお》き〟をされていますね。〝お仕置き〟というか、それは、この世のことではないように思うのです。

戦争やその他で、現実には〝火炎地獄《かえんじごく》〟をこの世でかなり見ているのですが、逆に、心も同じく、火炎が燃え上がる状態になりますので、死んだあと、一度、あの世でその反対の「寒冷地獄」のようなものをくぐっている感じがしますね。

これは、なぜかというと、心を〝冷やす〟必要があったからでしょう。

進行役A　はあ、燃えるような過激派なので……。

大川隆法　うーん。ですから、もう、〝炎〟を消さなくてはいけないわけです。

進行役A　クールダウンするような感じで……。

大川隆法　うーん。〝クールダウン〟のために、一度、そうした冷たい世界をくぐらされているような感じがしますね。

寒冷地獄を代表する八寒地獄（長谷川賀一郎画「地獄曼荼羅」から尼《に》刺《ら》部《ぶ》陀《た》地獄）。

進行役A　なるほど。

大川隆法　そのため、それに対する「反発心《はんぱつしん》」が、すごく強いのです。

進行役A　反発心が……。

大川隆法　強いですね。その意味で、〝封印《ふういん》したくなる魂〟というのは、あるんですね。

進行役A　（苦笑）これは、新たな発見です。

大川隆法　放置しておくと突っ走る可能性があるので、「封印して、エスキモーの氷でできた家みたいなところにでも、少し閉《と》じ込めておけ」というような感じです。何か、「焼きを入れる」代わりに、「頭を冷やせ」という感じですかね。魂を〝冷やそう〟とする経験をさせられているような気がします。

それで、寒さに対して腹が立つわけです。

進行役A　その反発心でアレルギーが出てしまうという……。

大川隆法　うん。すごく腹が立つんですよ。

進行役A　（魂の経験と修正の転生のことを）思い出すと……。

大川隆法　それが出てくるんだと思います。

対象者には「燃える女」になりたいという願望がある

進行役A　確かに、過去の転生で「焼き討ち」などを実際に、この世の三次元世界でたくさんやっていたとしたら……。

大川隆法　うーん、そう、そう。〝逆〟をやっているんですね。

進行役A　ああ、〝逆〟をカルマの刈《か》り取りで……。

大川隆法　〝冷やし〟に入っているのですが、そうした〝冷やされたこと〟にも反発しているので、「もっと燃えるように生きたい」ということで、熱を奪《うば》われたことに対する反発があるんですね。

進行役A　なるほど。

大川隆法　それが、そのようなアレルギー風に出てくるわけですから、これは「燃える女」になりたいのです。

進行役A　「燃える女」になるんですか?

大川隆法　うーん、そうなりたいんですね。

質問者F　現在においても、聖務に対して、非常に誠実に仕事をこなす女性です。

「性同一性障害」と感じる理由と、「本人へのアドバイス」

アドバイス① 女性であることを〝武器〟にしたほうが有利

大川隆法　ただ、アドバイスとしては、戦略的には、あまり「男っぽく生きないほうがよい」でしょう。

質問者F　はい。

進行役A　はい。分かりました。

大川隆法　女性の一つの特徴は、〝化《ば》ける〟ということです。これが一つの戦略なので、男を敵としてやっつけるよりは、やはり、味方に引きずり込まなければいけないわけです。それは、「女性である」ということも、一つの〝武器〟になる時代が来ようとしているということです。

したがって、女性が男に対して、「男以上に男らしい」という点で優位に立とうとするのは、少し無駄なことではないかと思います。

医学的には「性同一性障害」というのかもしれませんが、結局、魂的には、明らかに、「男に生まれたかった」という衝動《しょうどう》がものすごく強いので、現在の「性」に対する不満が出てきているのです。そうした魂の力がすごく強いために、外見上も、そのように現れてこようとしてきているわけですね。

この人は、軍服を着せて、男の格好《かっこう》をさせてあげると、きっと喜びますよ。

質問者F　（笑）（会場笑）

進行役A　やはり、「軍曹」と呼ばれるだけのことはありますね。

大川隆法　うん。まあ、宝塚《たからづか》に入って、男役をやるわけにもいかなかったでしょうから、致《いた》し方ないのですが、気持ちは分かります。そのような感じの魂なので、「燃える火の玉」みたいな人ではあるのでしょう。

ただ、「女性の時代」が、もうすぐ来るような感じですので、そうした「女性の時代」のなかでは、「男っぽい」ということは、それほど有利ではないかもしれません。したがって、少し〝戦法〟を変えたほうがよいのではないでしょうか。

これは、本人がそれを理解することで、「受けがよくなる」と思います。今は、政党（幸福実現党）にも、女性はかなりいますが、中身は男性だけれども、一見、外側は女性らしい女性のほうが……。

進行役A　はい。魅力《みりょく》的な女性ですね。

大川隆法　そのほうが、やはり、「受け」がいいのです。外側は女性らしくて、中身、芯《しん》は男性みたいにしっかりしていると、女性からも信頼《しんらい》されるし、男性のほうは、外見に騙《だま》されるので、外見が女性っぽいと、「女性だ」と思って、つい、鼻の下を長くして、甘《あま》い対応で出てきます。ですから、そのほうが、身を守る〝鎧《よろい》〟としてはよいのです。

やはり、男っぽい女性だと、「男性のほうが、味方について応援してくれる」ということは、あまりありませんので、少し、女らしくする努力をしたほうが有利だと思います。

アドバイス②「燃える闘志《とうし》」を内に秘めると、一種の「徳」に見える

大川隆法　男になったからといって、今は、特に有利ではないのです。も

う、〝軍隊アリ〟になるしか道はほとんどなく、特に有利なことは何もありません。

まあ、今は、いろいろ〝化ける〟のが流行《はや》りですので、やはり、もう少し女性に見えるようにしたほうが、戦略としては、おそらくよいでしょう。

中身は「燃える火の玉」でもよいのですが、そうした人が女性らしく見えると、どうなるかというと、一般の人、一般ピープルには、「徳」があるように見えるのです。

進行役A　なるほど。「徳」があるように見えるのですね。

大川隆法　そう見えるのです。「女性らしい女性なのに、内側には、『燃える火の玉』のような闘志《とうし》がある」というのは、一種の「徳」に見えるわけです。

ですから、その火の玉を、周りを焼き尽くすような熱さに見せないようにするための人生経験として、一回、寒冷地獄みたいなものをくぐらされているようですので、「そのへんの『熱さ』『寒さ』の意味を理解せよ」というところでしょうね。

そのようなわけで、「魂のスタイルが、かなり、ストレートに出てきている」というだけのことです。

「男性の体が欲《ほ》しい」という気持ちは分かりますが、これからは、男性であることが、必ずしも有利であることを意味しない可能性が高いでしょう。逆に、女性であることを武器にできるようにしたほうがよいのにもかかわらず、女性であることを武器にできないような行動パターンを取ろうとする傾向《けいこう》が出ています。

ただ、それは、「男性からも女性からも愛されないパターン」になるので、少し、そのへんは努力したほうがよいかもしれませんね。

進行役Ａ　分かりました。ありがとうございます。Ｆさん、それについては、同僚に対しての「愛」の思いで相談に乗ってあげてください。

質問者Ｆ　はい、そうですね。私も、周りからも伝えさせていただきます。

「透視《とうし》リーディング」で解明された「対象者の気質」とは

大川隆法　これは、病気というほどのものではありません。病気ではありませんが、あえて病気のように言えば、「やや、ヒステリー性のある、精神的な気質」としか言いようがないですね。

進行役Ａ　「ややヒステリー性のある、精神的な気質」と理解してよろしいですね（会場笑）。

大川隆法　ええ。病気というほどのものではないでしょう。

進行役A　分かりました。本人に申し伝えます。

大川隆法　はい。そのように理解してください。

質問者F　伝えさせていただきます（笑）。

大川隆法　当会で出世している女性たちも、外見は女性らしいけれども、中身は男という人が多いですからね。見れば分かるとおりです。

進行役A　いや、とんでもないです（苦笑）。これは、やや〝障《さわ》り〟があるかもしれません。

大川隆法　ええ、まあ、これ以上言うと、少し〝危ない〟ですね。では、一人目は、これで終わりにしましょう。

進行役A・質問者F　ありがとうございました。

（注。対象者のBさんは、本リーディングの数カ月後、悩まされていた「寒冷じんましん」が完治した）

POINT

- □ 今世《こんぜ》、女性（男性）であることに違和感《いわかん》を覚える人は、過去世《かこぜ》で男性（女性）であった可能性が高い。
- □ 男性として極端《きょくたん》に荒々《あらあら》しい人生を送った人は、魂《たましい》のバランスを取るために、次の転生《てんしょう》では女性として生まれてくることがある。
- □ 男性的な魂が「女性の時代」に活躍《かつやく》するために、“戦法”として、あえて女性として生まれてくることがある。

ことばの処方箋《しょほうせん》

「性同一性障害」は「病気」ではない

ヒーリングメッセージ2

カルマの刈《か》り取りのしくみ

転生《てんしょう》をくり返しているうちに、魂《たましい》には一定の傾向性《けいこうせい》というものが出てきます。それは、職業のなかに出てくることが多いわけです。何度も何度も転生しているうちに、その人の魂にとっての特徴が長所と短所として、はっきりと出てきます。

そして、生まれ変わりのシステムをつぶさに研究すると、どうやら人間は、この世に生まれ変わってくる前に、今世の魂修行《しゅぎょう》の課題ともいうべきものを明確に決めてきているらしい、ということが分かってきました。

過去の何回かの地上経験を経《へ》て生きてきた時に、その方が卒業できなかったこと、そのままでは合格ではなかったと言われるところを、同じような環境においてもう一度試《ため》されることもあれば、まったく逆の環境において試されることもあります。

なかには、身体的に不自由な方もいるだろうと思います。それは、今世《こんぜ》だけをとってみたら、たいへん悲しいことですが、その方のライフ・リーディングをしてみると、八割から九割は、過去世《かこぜ》に原因があります。

人間は、過去の転生において、戦争や喧嘩《けんか》など、暴力行為《こうい》をたくさん経験してきています。その過程で、他の方を何らかのかたちで傷つけた経験があると、カルマのしくみとして、まったく同じ部所のところが傷《いた》むことがあるのです。

あるいは、そのように罰《ばつ》としてくり返すのみならず、自分から進んで、そういう環境に身を置く方もいます。地上時代の過《あやま》ちは過ちとして、もう十分に反省はしているのですが、自分の良心が自分自身を許すことができずに、あえて、そういう環境や立場を選び、「どうか、私の魂を磨《みが》くために、そういう身分で、そういう立場で、そういう境遇《きょうぐう》で、生まれさせてください」とお願いして生まれてくる方も、なかにはいます。

その時に、あの世で自分が、そういう計画をして生まれてきたことを忘れて、今世のみの幸・不幸を捉《とら》えて、親を恨《うら》んだり、友人や先生を恨んだり、あるいは環境を恨んだり国を恨んだりする人がいますが、これは間違《まちが》いなのです。

CHAPTER

2

ガンで「余《よ》命《めい》三カ月」の男性の病気リーディング

末期ガンの対象者をリーディングする

進行役Ａ　二番目も代理の方がいらっしゃっています。本日、北関東から馳《は》せ参じてくださいましたＧさんです。

大川隆法　ああ、そうですか。

進行役Ａ　はい。リーディング対象者の方につきまして、Ｇさんから大川総裁にご説明ください。

質問者Ｇ　このたびはありがとうございます。

大川隆法　はい（右掌《みぎてのひら》を代理人へ向けて瞑目《めいもく》する。以後、病状を聞きながら、その体勢でリーディングを始める)。

質問者G　Cさんという五十八歳《さい》(収録当時)の男性の方です。二〇一一年に胃ガンに罹《かか》りまして、胃の四分の三を切除《せつじょ》されました。その後、今年(二〇一四年)の七月に胃ガンを再発され、現在はガンがリンパ節にも転移して、胆管《たんかん》が閉塞《へいそく》している状態です。そして、黄疸《おうだん》が全身に出ています。

お医者さんからは「余命三カ月、あるいは、もっと短いかもしれない」と言われています。この方自身は一九八九年に幸福の科学に入会をされ、植福《しょくふく》面や伝道面、幸福実現党の政治活動も含《ふく》めまして、ずっと活躍《かつやく》をしてくださっています。

大川隆法　うん、うん。

質問者G　また、経営者として、化粧品《けしょうひん》や健康サプリメント、健康グッズ等の開発をしていらっしゃいます。特に、アトピー性皮膚炎《ひふえん》についてステロイドを使わない治療《ちりょう》に取り組んでいらっしゃいまして、全国的に講演をして回っていらっしゃいました。

ご本人としましては、自分自身が健康について語っていた立場であるにもかかわらず、現在、五十八歳という年齢《ねんれい》でこういう状況《じょうきょう》になっていることについて、「どういうことなんだろうか」という思いをお持ちのようです。

ご家族は全員信者で、一生懸命《いっしょうけんめい》に活動もしていらっしゃるのですけれども、このCさんのガンにつきましてお教えいただけたらありがたく思います。

大川隆法　はい、分かりました。

（右手を下ろして、約八秒間の沈黙《ちんもく》）

「長寿《ちょうじゅ》」か「短命」かは本人の気質に大きく影響《えいきょう》する

大川隆法　（瞑目を解く）基本的には「人生観の問題」ですね。「太く、短く」の傾向《けいこう》がはっきり出ています。
長生きできるタイプの人というのは、気質的なものがそうとうあるのです。

進行役Ａ　気質ですか。

大川隆法　「草食系」の気質を一部持っていないと、なかなか長生きはできなくて、「肉食系」の思想を持っている人は、やはり「燃え尽《つ》きる」のが早いんですよ。
一般《いっぱん》の定年年齢である六十歳ぐらいを中心にして、定年年齢までに四十代から五十代あたりで燃え尽きて、病気をしたり、事故やケガ、その他のことで亡《な》くなる方が多いわけです。これは「肉食系の生き方」をしているからだと思います。

例えば、短距離走《たんきょりそう》が非常に強いライオンやヒョウ、ピューマ、虎《とら》などと一緒《いっしょ》で、短距離で追いかけて獲物《えもの》を仕留《しと》めるような生き方に生きがいを感じるタイプですね。

一方、長寿《ちょうじゅ》の方は瞬発力《しゅんぱつりょく》も出ることはあるのですけれども、それで全部燃え尽きないような工夫《くふう》を必ずしています。

つまり、「長距離ランナー」の工夫をしていて、そのへんの力の配分《はいぶん》や休み方、知恵《ちえ》の使い方などを、かなり工夫しているわけです。

対象者は「燃え尽《つ》きたい症候群《しょうこうぐん》」に罹《かか》っている

大川隆法　この人の問題は、視野が非常に狭《せま》いというか、見ているスパン（期間）が短いことです。

進行役A　ああ……。

大川隆法　長い目で見ていないと思います。五年、十年、二十年、三十年というような長い目で人生計画を持って、自分や家族の人生、その周りの会社の人たちの人生を見るよりも、「一日一生《いちにちいっしょう》」というような言葉を、ある意味で自己流に解釈《かいしゃく》しているのかもしれません。

要するに、ライフデザインの考え方として「短いうちに燃焼《ねんしょう》しないと本物ではない」というような気持ちを少し持っていると思うのです。

もちろん、会社の経営者等の立場であれば、一生懸命働かなければいけないのですが、「長く続いていくための工夫」というのも同時にしていくべきでしょう。

ただ、先ほども「維新《いしん》の志士」が出ましたが（第1章参照）、そういうふうに「激誠《げきせい》の人」であって、革命などで激闘《げきとう》し、若くして亡くなっていくようなタイプの人に憧《あこが》れるというか、魂《たましい》が惹《ひ》かれる傾向が強く出ています。

こういう言い方は失礼に当たるとは思うのですけれども、はっきり言って、そのガンはある意味での「自殺願望」なんですよ。本人が深層意識《しんそういしき》で、「長生きできるということは、完全燃焼していなかった証拠《しょうこ》だ」というふうに思っているんですね。だから、そのような病気が出てくるんですよ。

要するに、「長く生きるということは、楽をしたという証明だ」と思っているのです。いつもいつも忙《いそが》しくて、とにかく〝燃え尽《つ》きたい〟のでしょう。はっきり言えば「燃え尽きたい症候群《しょうこうぐん》」ですね。

進行役A　「燃え尽きたい症候群」ですか。

大川隆法　うん、「燃え尽きたい症候群」なんですよ。

進行役A　はああ……。

大川隆法　「燃え尽きたい症候群」で、病気でも起きなければ、本人にブレーキが利《き》かないところはあるかと思います。

「短距離走型《たんきょりそう》の人生観」が肉体の破滅《はめつ》を招いている

大川隆法　やはり、これも本人の思想性の影響《えいきょう》はそうとうあると思われます。「第一陣《じん》で討《う》ち死《じ》にしてでも、新時代の礎《いしずえ》となる」というパターンとしては、そういうのもいいかもしれません。

ただ、今は幸福の科学も「第二期レベル」に入ってきているわけです。「第一陣」が終わって、第二期の〝組み立て工事〟に入って、これが長期性を持ったものとして大成していくスタイルに、なるべく持っていこうとしているところなのです。

したがって、そのなかで獅子奮迅《ししふんじん》されているのはよく分かるのですけれども、残念ながら、みんながみんな、そういうふうに〝討ち死に〟していくようなタイプであっては困る面もあるのです。

つまり、ある程度、年齢相応に「仕事の重要さ」や「大小」「優先度」等を見分けて、人を使う能力を磨《みが》いていかなければいけない時期に入っているのですが、それが自分の役割や仕事相応に追いついていないわけです。

別な面から言えば、「経営思想の未熟」がありますね。一生懸命なのは分かりますけれども、自分で自分を追い込《こ》んでいる部分はかなりあるでしょうし、無理をそうとうされていると思うのです。

そのため、この方は「無理するな」と言われると、たぶんカッとして怒《おこ》ると思います。「そんな手抜《てぬ》き仕事をしたり、人生をサボったりするぐらいだったら、今すぐにでも死んでしまいたい」というぐらいの感じでしょう。おそらく、そういう人生観の方ですね。

したがって、「短距離走型《たんきょりそう》の人生観」を変えなければ、もうすぐ人生が終わってしまうと思います。

つまり、「燃え尽きるのが自分の生きがいだ」と思っているから、いっぱいいっぱいやってしまうのでしょう。「一日一生」とは言わないし、一生も一日では短いけれども、「早めに死なないと、激誠の人として人生を走り抜いたという気持ちがしない」というふうな印象を持っているんですよ。その気持ちが、「肉体的には自分を破滅《はめつ》に駆《か》り立てている」ところがあると思います。

もし、「家族や会社の人、いろいろな人たちが長く安泰《あんたい》に続けていけるように」という安定志向を持っていれば、多少、手を抜くところや人に任せるところ、休むべきときに休むところなど、そういう考え方を入れることはできたはずですね。そういうことが今、総合的に出ていると思います。

「八十歳《さい》で活躍《かつやく》している自分」の姿を瞑想《めいそう》できるかが治癒《ちゆ》の鍵《かぎ》

大川隆法　そういうことで、今のままでしたら医者が「余命三カ月」と言っているのは、ある意味では正しいと思います。

仏言《ぶつごん》としてお聴《き》きいただきたいのですが、長生きしたいのなら、「八十歳《さい》の自分の姿が想像できるかどうか」です。

例えば、八十歳でまだ家族に感謝され、会社や教団に感謝されて活躍《かつやく》している自分の姿が想像できるかどうかを、瞑想《めいそう》のかたちでありありと描けるところまで、毎日訓練するとよいでしょう。あと「残り三カ月」ということなら、三カ月間訓練してみてください。

それが染《し》み込んで、自分の思想まで変えていけるようだったら、長距離走型に変わりますので、広がっていくガン細胞《さいぼう》のほうは終息《しゅうそく》に向かっていくはずです。

プレゼント＆読者アンケート

皆様のご感想をお待ちしております。本ハガキ、もしくは、右記の二次元コードよりお答えいただいた方に、抽選で幸福の科学出版の書籍・雑誌をプレゼント致します。

（発表は発送をもってかえさせていただきます。）

1 本書をどのようにお知りになりましたか？

2 本書をお読みになったご感想を、ご自由にお書きください。

3 今後読みたいテーマなどがありましたら、お書きください。

ご感想を匿名にて広告等に掲載させていただくことがございます。

ご記入いただきました個人情報については、同意なく他の目的で使用することはございません。


ご協力ありがとうございました！

郵便はがき

料金受取人払郵便

赤坂局承認

8335

差出有効期間
2024年9月
30日まで
(切手不要)

1078790

112

東京都港区赤坂2丁目10−8
幸福の科学出版(株)
読者アンケート係 行

ご購読ありがとうございました。
お手数ですが、今回ご購読いただいた書籍名をご記入ください。

書籍名

フリガナ お名前	男・女	歳
ご住所 〒 都道府県		
お電話( ) —		
e-mail アドレス		
新刊案内等をお送りしてもよろしいですか? [はい(DM・メール)・いいえ]		
ご職業 ①会社員 ②経営者・役員 ③自営業 ④公務員 ⑤教員・研究者 ⑥主婦 ⑦学生 ⑧パート・アルバイト ⑨定年退職 ⑩他( )		

ただ、本人が「燃え尽きたい」と思っているなら、これは止まりません。本当に、自分が潜在意識《せんざいいしき》下で滅《ほろ》ぼそうとしているところがあるんですよ。

やはり、早く死んで名前が遺《のこ》った人は〝かっこいい〟のでしょう。当会でよく出てくる霊人《れいじん》たちは、二十代や三十代ぐらいで亡くなって名前が遺っているので、かっこいいのです。

だから、「老いさらばえた五十代まで生きて、この程度の仕事しかできない自分が実に情けない」と思って悔《くや》しいのだと思います。「この程度の仕事しかできないのに長生きするのは、本当に人生の無駄《むだ》だ。こんなことだったら、生まれ変わって、もう一回やりたい」というぐらいの感じなのではないでしょうか。

教団組織と信者に「考え方のイノベーション」が必要な時期が来ている

質問者G　周りも家族もびっくりするくらい、本人はサバサバしていまし

●潜在意識　人間の意識には、大きく分けて「表面意識」と「潜在意識」の二つがある。表面意識は、頭脳が活動している状態のときに働く意識。潜在意識は、人間の運命に大きな影響を与えている隠れた意識であり、人間の意識の大部分を占め、「傾向性を持った心」とも言い換えられる。

て、もう少し命に執着《しゅうちゃく》してほしいと思うぐらいだそうです。

大川隆法　そう、そう。むしろ、「長生きしすぎた」と思っているぐらいではないですか。おそらく、そうだと思います。

ただ、教団自体は「サバイバル戦略」というか、長期に生き延びていく戦略のほうに切り替《か》えようとしているところなのです。まだ浸透《しんとう》していませんけどね。

最初は、一騎当千《いっきとうせん》の人たちが英雄《えいゆう》的に活躍して、「とにかく広げなければ」という感じで、ぶち当たって壁《かべ》を破っていくようなやり方でした。

これを、次第《しだい》しだいに組織全体として、いろいろな人を育てながら大きくしていき、継続《けいぞく》していける組織に変えていかなければいけないと思っているのです。

もしかしたら、（Cさんは）一九八九年に入会した分、「第一期生型」の

●「第一期生型」のマインド　「第一期生型」とは、ここでは幸福の科学草創期の土台づくりの時期に活動していた信者の類型を示す。

マインドを持っているので、「本来なら、もう死んでいなければいけない」と自分で思っているのではないですか。第一期生型の〝遺伝子〟からいくと、もう自分の役割は終わっているから、悔しいのでしょう。

したがって、そこには「考え方のイノベーション」が必要だということですね。

自分の能力のキャパシティーを見極《みきわ》めて、無理をしないことが大事

進行役A　この方には著作もございまして、三、四冊ほど医療系の書籍《しょせき》を著《あらわ》されています。

大川隆法　ああ、そうですか。

進行役A　本当は、慶応《けいおう》の法学部だった方なのですが、独学で勉強して医療の本も出版されているのです。

大川隆法　だいぶ無理をしているのではないですか。

進行役Ａ　この方は、博士号も取っているんですよね？

質問者Ｇ　そうですね。生理学博士です。

進行役Ａ　法学部から転向して、独学で取ったそうです。

大川隆法　それは、非常に言いにくいのですが、やはり、人にはある程度のキャパシティー（容量）があります。「第三者の目で見て、自分の持っているキャパシティーをどういうふうに使って、組み立てるか」という視点は必要なんですね。

おそらく、総裁である私が悪いのだろうと思いますが、総裁が〝今日にも死にたいような働き方〟をしているように見えているのかもしれません。ただ、それは〝Aさんマジック〟でそういうふうに〝宣伝〟しているだけのところもあって、実際は、弟子《でし》を働かせて楽《らく》をしている可能性はかなりあります。

進行役A　（苦笑）いえ、いえ。

大川隆法　よって、それを額面《がくめん》どおりに受け取ってはいけないのであって、年齢相応《ねんれいそうおう》に人を使って、自分がしないで済むところは、しないで済むようにしていかないといけないですね。

いずれにしても、少しだけ厳しい段階まで来ているかとは思います。

病気は心の間違《まちが》いに気づくための「きっかけ」

進行役Ａ　「自分の人生観」を自覚して変化させることに成功した場合、ガンに冒《おか》されている体の状況が好転する可能性はございますでしょうか。

大川隆法　うーん、潜在意識的には長生きする気はないんですよ。もう、どう見てもないのです。

進行役Ａ　ご本人の「信念」ですか。

大川隆法　「みんなに惜《お》しまれて燃え尽きたい」という感じを強く持っているのです。

進行役A　つまり、ガンに罹《かか》るのは「自己処罰《しょばつ》」だけではなくて、本人の人生観で「燃え尽きたい」という思いがある場合もあって、その結果、ガンになってしまって燃え尽きていくというケースがあるということですか。

大川隆法　例えば、地球に隕石《いんせき》がぶつかってくるので、宇宙飛行士になってそれを阻止《そし》するという映画があったと思います。

進行役A　「アルマゲドン」のような映画ですか。

大川隆法　そう、そう。つまり、「核《かく》ミサイルを隕石に設置して、死んでいく英雄みたいな感じの死に方をしたい」というイメージを持っているわけです。そんな感じですね。知っている人が生きている間に、「惜しい人を亡くした」と言われたいのでしょう。

確かに、人間として「赤心《せきしん》」のごとく、誠実で素直《すなお》であることはいいことだと思います。維新の志士など、二十代で死んでいった人たちは純粋《じゅんすい》に消えていったのでしょうが、やはり、五十八歳まで生きたら、多少の「老《ろう》獪《かい》さ」は身に備《そな》えなければおかしいと思うのです。

「人生としての知恵」の部分が、もう少し要《い》るかもしれません。

進行役A　「人生の知恵」の部分が、要請《ようせい》されているということですね。

大川隆法　うん、そうです。

「六十五歳の自分」や「七十歳の自分」、「七十五歳、八十歳、あるいは、八十歳以上の自分」について人生設計を立てて、それをありありと心に描くことができるようなら、残り三カ月でも好転していくチャンスはあります。

しかし、何回努力しても何も思い描けないなら、それは本人の心の傾向性で、潜在意識が、まるで列車が崖《がけ》から〝飛び降りて〟落ちそうになっているようにしか見えないのです。

その結果がいいのならいいですけどね。まあ、ほかの人が代わってくれるほうがいいのなら、それもまた、いいでしょう。

ただ、「いてくれたほうがありがたい」とほかの人が思えるような方であるならば、このガンは、何とかして自分を立て直して、長く活躍できるスタイルに変えていく「きっかけ」だと思いますね。

やはり、ガンのときにそれに気がつかないようでは、駄目なのではないでしょうか。

〝特攻隊《とっこうたい》〟で大きな成果を狙《ねら》うより、長期的に成果を出し続ける考えを

大川隆法　つまり、これも〝特攻隊《とっこうたい》〟です。当会は「特攻隊精神」のよう

なものがやや多いのでしょう。気持ち的には「特攻隊精神」にかなり近いので〝散りたい〟のではないですか。惜しまれて散りたいのでしょう。イスラム教で言えば自爆《じばく》テロの精神でしょうが、「自分も散って目的を達したい」という気持ちが少しあるように思います。

（Aを指して）これは、当会の月刊誌の編集が悪いのではないでしょうか。〝誘導《ゆうどう》する気《け》〟があるのかもしれません。

進行役A　（神妙《しんみょう》に）たいへん申し訳ございません。

大川隆法　やはり、自分としては一割や二割しか働いていないように見えるかもしれないけれども、こういう人の場合は一、二割しか働いてないように見えても、実は「七、八割ぐらい働いている」のです。

したがって、その七、八割ぐらいの仕事であと二十年ほど続けたほうが、今、〝自爆〟するよりは、全体にとっても、自分や家族、会社、きょうだいにとってもいいのではないでしょうか。

例えば、「ハッピー・サイエンス・ユニバーシティ（HSU）」が建てば、もうそれで自分は死んでいいんだ」というのは、短期的な見方だと思います。やはり、年齢的に見たら、もう一段〝亀《かめ》の甲羅《こうら》〟のような「自分を守る知恵」ができていないといけないころですね。

考え方が少し〝青春〟しすぎています。

進行役A　この方は、「純粋な青春の心」で生きているということですね。

大川隆法　うん。

進行役A　（Gに向けて）〝青年〟のような方なんですね。

長く生き延びている人の研究をすることも自分を守る知恵《ちえ》

大川隆法　Ａさんが、純粋そうに見せながら、〝老獪《ろうかい》〟なので専務を張っているという事実を、よく知らないといけないんですよ。

進行役Ａ　先生そんな……。いえ、いえ、いえ。純粋でありますので（苦笑）。

大川隆法　自分が〝三徹《さんてつ》（三日徹夜《てつや》）〟〝四徹〟して、今日にも死ぬかのような働き方をしているように見せながら、手を抜いて上手に生き延びているところを、やはり知らなければいけないと思います。この〝裏〟は活字にならないんですよ（会場笑）。

進行役Ａ　いえ、いえ（苦笑）。

大川隆法　この裏の部分で、本当は死にかけになっている人が、別にいるのではないでしょうか（会場笑）。

このへんの〝面《つら》の皮〟の厚さが〝亀の甲羅〟の部分なんですよ。

進行役Ａ　亀の甲羅は大事です。

大川隆法　この人だって、一九八七年ぐらいからいる人ですから、生き延びているところを見ると、もう普通《ふつう》ではありません。「一万年生きた亀」のようなものでしょう。

進行役Ａ　（苦笑）〝妖怪《ようかい》〟的存在ですので、それは自覚しております。

大川隆法　普通だったら、いてはいけない方がいまだに存在しているので、この「柔軟《じゅうなん》な強さ」は何とも言えません。

若い女性に踏《ふ》みつけられても生き延びる、この強さ。このへんを見習わないといけないですね。

燃え尽《つ》きないためには志《こころざし》を練り直して「長距離走型《ちょうきょりそう》の人生観」に

大川隆法　したがって、「尊敬される立場を維持できるかぎりにおいては存在し、みんなから『もう要《い》らなくなった』と思われたら消滅したい」というような〝時限爆弾《ばくだん》付きの人生〟みたいなものは、少し考え方を変えたほうがいいと思います。

できれば、ガンを克服《こくふく》して「長距離《ちょうきょり》ランナー」に切り替える思想に持っていってほしいですね。

さらに、そういう〝自爆型〟の人をあまりにも英雄風に取り上げる傾向が編集系にあるので、完全に乗せられないように気をつけたほうがよいと思います。

やはり、「細く」「長く」「広く」で活動していかなければいけない面はあるということですね。

進行役A　（Gに）ぜひ、今日は、対象者と「法談《ほうだん》」をしてください。

質問者G　はい。伝えさせていただきます。

進行役A　もう本当に、心の奥の深い潜在意識とのやり取りのレベルで、法談をしてくださったらよいかと思います。

大川隆法　おそらく、これはほかにも、こういう人が教団にかなりいるで

●法談　心の修行をする仲間同士が数人でグループをつくり、仏法真理に基づいた自己の気づきや発見を語り合うこと。

しょう。

そういう人は意外に早く「燃え尽《つ》きていく」と思いますが、やはり切り替えどきを間違《まちが》ってはいけないのではないでしょうか。

つまり、会社の定年ぐらいの年齢で「自分が燃え尽きる」という人生設計しか持っていない方がけっこう多いのだと思います。ただ、それは、もう一回、志《こころざし》を練り直さなくてはいけないところですね。

進行役A　（幸福の科学の月刊誌を取り出して見せて）最近では、「病気が治った事例」もだいぶ載《の》せるようにしました。「元気になろう！」というような表現にさせていただい

幸福の科学の月刊誌には信仰の実践を通して病気を克服した事例が数多く紹介されている。（左：月刊「幸福の科学」、右：体験選集「病気が治った！　ガン・皮膚病編」〔共に宗教法人幸福の科学発行〕）

ています（苦笑）（会場笑）。

大川隆法　ああ、そうですか。

要するに、「心の傾向性」なんですよ。それが、ややバランスを欠いているかと思います。

「単独で成果を出す時代」から「組織全体で成果を出し続ける時代」へ

大川隆法　あとは、初期に頑張《がんば》って活躍していても、だんだん活躍する人の裾野《すその》が増えてきているから、同じような活躍でも次第しだいに目立たなくなっていくのです。それは〝寂《さみ》しい〟でしょうね。

それによって、「もう一段、輪をかけたように頑張らないといけない」という強迫《きょうはく》観念にとらわれて、もっと頑張ってしまうんですよ。それが命を縮めていく原因でもあります。

質問者G　はい。

大川隆法　確かに、多くの人が出てきて教団を支えたり、活躍する人がたくさん出てきたりするということは、自分の存在価値を低めることがあるでしょう。

ただ、「それでいいのだ」という気持ちを持たないといけません。やはり、たくさんの人が立ち上がっていかなければ、真理が広がるわけはないのです。

たぶん、「自分一人でオールマイティーになりたい」という気持ちを持っているのだと思うけれども、そうならないことで発展しているんですよ。本当にオールマイティーで全部できるような感じになっているようでは、発展しません。

したがって、「知恵《ちえ》」や「ボケ方」、「老獪さ」と言ってもいいですが、そのへんは要ります。

例えば、私は、「自分ができる仕事を、できないふりをする」ということを今、研究中なんですよ。あまりやりすぎると弟子が育たないので、「先生がいかに手を抜くか」で、弟子を育てなければいけない面もあるかと思っているのです。知らないふりをして、「自分たちで言い出してくるかな？　するかな？　どうかな」と、ジーッと見ているところも一部あります。

このへんは、考え方を変えないといけないところですね。「個人がスーパーマンの時代」は終わったと思います。「全体的な成果をあげ続ける組織」に変えなければ、生きていけません。

やはり、〝寂しい感じ〟があるだろうけれども、「老兵は消え去るのみ」だけでなく、「見続けてくれる」ことも、みんなにとってはありがたいことなのです。（Cさんの）活躍については、みんなしっかり分かっているんだということですね。自分をもう少し寛容《かんよう》な目で見たほうがよいのではないでしょうか。

進行役A　ありがたい仏言《ぶつごん》を頂きました。

質問者G　ありがとうございます。

大川隆法　うん。

「長生きしてくれるだけでもありがたい」と思ってくれる方はいる

進行役A　Gさんはこのリーディングの機会を頂いたときに〝ダッシュ〟で来てくださいました。

大川隆法　ああ、そうですか。

進行役A　はい。収録の開始時間にギリギリで間に合いました。

質問者G　はい。

進行役A　そういう意味で、対象者の方は、「徳」があられる方だと思います。

大川隆法　いずれにしても、「自分一人で支えられなくなる」ということは、「教団が大きくなっている」ということなんですよ。それはいいことです。

それなのに、「支えられないから、支えられるくらいの重量をもっとかけよう」と思って自分をいじめると、病気になったり、自滅したりするかたちになるので、そこまで無理をされなくてもいいのです。

Aさんを見習って〝面《つら》の皮〟を厚くして生きていくということが、大事なのではないでしょうか。

進行役A　（苦笑）存在することにも意義があります。

大川隆法　はい。いまだに生き延びている人がいるということを、よく見たほうがいいですよ。

この適当な〝ボケ具合〟というか、ボケに見せつつ生き延びているわけです。

進行役Ａ　真面目《まじめ》に働いております（苦笑）。

大川隆法　やはり、「消えるよりは、まだいたほうがいいだろう」と本人が自覚しているから、こういう存在が可能なのです。

質問者Ｇ　はい、すごいと思います。

大川隆法　（笑）

進行役Ａ　それでは、ぜひ、大至急帰って……。

質問者Ｇ　しっかりお伝えさせていただきます。

進行役A　あっ、〝頑張って〟はいけないんだ（笑）。ゆっくり、ゆっくり……。

質問者G　はい。

進行役A　〝ちょうどいいころ〟にお帰りください。

質問者G　はい。

大川隆法　「長生きしてくれるだけでもありがたい」という言葉を伝えておいてください。

質問者G　はい、お伝えさせていただきます。

進行役A　本当にありがとうございます。

質問者G　どうもありがとうございました。

POINT

- □ 寿命《じゅみょう》には、その人の「気質」や「人生観」が深くかかわっている。
- □ 「太く、短く」という完全燃焼《ねんしょう》型の人生観を持っている人は、四十代や五十代で、病気やケガで亡《な》くなることもある。
- □ 考え方をイノベーションして「安定志向」に切り替《か》え、「八十歳で活躍《かつやく》している自分の姿」を想像することができれば、寿命は延びる。

ことばの処方箋《しょほうせん》

「八十歳で活躍している
自分の姿」を
瞑想《めいそう》してみよう

ヒーリングメッセージ 3

「カルマの刈《か》り取り」のために病気になる場合がある

例えば、今世《こんぜ》では、一生懸命《いっしょうけんめい》に、よい人生を生きていたとしても、直前の過去世《かこぜ》をリーディングしてみると、「家族に病人がいるにもかかわらず、十分な世話をせず、わがままな人生を生きた」というような場合には、「カルマの刈《か》り取り」のために、今度は自分自身が病気になり、残念な死に方をすることがあります。

また、「いったい、何回、切られるのか」と思うぐらい、外科《げか》手術でよく体を切られる人が、過去世では人を斬《き》りまくっていた場合もあります。これも、大きな意味での「カルマの刈り取り」になっているのです。

「武士の世」に生まれ、戦争に巻き込まれたら、人を斬らなくてはいけないこともありますし、それが正しい行為《こうい》であった場合もあると思います。国を護《まも》ったり、家族を護ったりするために、戦わなくてはいけないこともあります。しかし、それがカルマとして残る場合もあるのです。

その場合には、今回の人生で、「自分自身が、肉体的な痛みをいろいろと感じ、闘病《とうびょう》の苦しみを味わう」という経験をしていることがあります。今回、その人生経験を経《へ》ることによって、過去世で他の人に与《あた》えた苦しみに関する、後悔《こうかい》の念の部分が消えるのです。

今回の人生を卒業すると、それは帳消しになり、プラスマイナスゼロになって、そのカルマの部分が消滅《しょうめつ》するんですね。

そういう意味があって、手術を受けて苦しんだりする人もいるのです。

今世だけを見て理由が分からない場合でも、過去世リーディングをすれば、だいたい、つじつまは合っていることが分かります。

そのように、過去世で何かがあり、それが原因となって、今世で病気などが起きているのかもしれませんが、来世というものも必ずあるのですから、「来世に対し、悪いかたちで、新しいカルマの種まきをしない」ということを心掛《こころが》けてください。

さまざまな環境に置かれても、そのなかで、できるだけ立派な生き方をするように努力すること、「過去・現在・未来を貫《つらぬ》いた人生を生きているのだ」という点を忘れないことが大事です。

CHAPTER

3

目の難病に罹《かか》った男性の病気リーディング

「網膜色素変性症《もうまくしきそへんせいしょう》」になったが、幸福の科学の祈願《きがん》で回復した

進行役Ａ　三番目の方は、ご本人でいらっしゃいます。Ｄさん（五十代男性・幸福の科学職員）は今、眼病《がんびょう》の悩《なや》みがある状況《じょうきょう》でございますので、ご本人から大川総裁に報告いただきます。

大川隆法　お願いします。

対象者Ｄ　本日は、まことにありがとうございます。

私は、「網膜色素変性症《もうまくしきそへんせいしょう》」といって、網膜の細胞《さいぼう》がひとりでに壊《こわ》れていくという遺伝性の難病を持っております。

二〇〇七年ごろ、四十代半《なか》ばから、急激に視力が落ち始めまして、その当時、住んでいた地域の病院では病名がよく分からなかったのですが、五

年後ぐらいに京都大学の病院に行きましたら、「あなたは、網膜色素変性症だ。治療《ちりょう》法がない難病だ。だから、もう病院に来る必要はない」ということでした。

「それだったら、しかたがないな」と思って放《ほう》っておいたのですが、異動先の横浜《よこはま》で、「この病気の治療法を持っている医者がいる」ということを聞いたので、そちらにも行ったところ、「うちにはこの病名の人がたくさん通《かよ》ってきているけれども、あなたのは難治性である」と言われました。その間も、だんだん目が見えなくなっていったのです。

ところが、総本山《そうほんざん》・正心館《しょうしんかん》に異動をする際に、横浜正心館の「ヒーリング・パワーを得るための祈《いの》り」と、異動をしたあとに、総本山・正心館の「異次元パワーを得

〈上〉総本山・正心館（栃木県宇都宮市）
〈右〉横浜正心館（神奈川県横浜市）

るための祈り」という祈願《きがん》を受けさせていただきましたら、その直後に視力が回復いたしまして、「いきなり見えるようになった」という状況でございます。

この病気は視野も狭《せま》くなるのですが、その後、半年ぐらいたったときに、再度検査をしたら、「視野も回復し始めている」ということでございます。ただ、この病気自体は、病院で診察《しんさつ》しても、病名はそのまま残っておりますし、視野が回復する一方で、見えにくくなっている部分もあるという現状です。

よろしくお願いいたします。

病院から「ない病気」を「ある」と信じさせられている

進行役A　事前の話では、「失明するかもしれない」という危機までいったと聞いています。失明の危機ではあったんですね？

対象者D　はい、そうですね。異動する直前は、裸眼《らがん》で〇・一以下、矯正《きょうせい》しても〇・二以上にはならないということでした。
　ですから、狭い廊下《ろうか》で、娘《むすめ》とすれ違《ちが》っても気づかないという状況にまでなっておりました。

大川隆法　〝面白《おもしろ》い〟ではないですか。すれ違ったのに気がつかない？

進行役A　（Dに）困難が高ければ高いほど、悟《さと》りが上がっていきますよ。

大川隆法　だいたい感じとしては分かりましたが、そんな病気はないんですよ。病院が〝つくっている〟病気ですから、実際は、そういう病気はありません。

あなたは、「ない病気」を「ある」と信じさせられて、「治らない」と言われているわけでしょう？　バカみたいな話です。
だから、あなたは病院を〝養《やしな》って〟いるだけですよ。治らないのであれば、そんな病気はあってもなくても同じです。その病院が「治した実績がない」というだけのことなのでしょう。

「知力を超《こ》えて勉強しすぎた」ということが原因

大川隆法　もう少し正直に言いましょうか。

対象者Ｄ　はい。

大川隆法　「勉強のしすぎ」です。

対象者D　（当惑《とうわく》して）あ、はい……。

大川隆法　勉強しすぎなんですよ。本の読みすぎです。あなたの知力を超《こ》えて勉強をしすぎたのです。

対象者D　あ……（苦笑）。

大川隆法　それが原因です。

対象者D　恐《おそ》れ入ります。

大川隆法　申し訳ない。当会においては、非常に言いにくいことが多くなってきましたね。

対象者D　いえ、ありがとうございます。

大川隆法　やはり、度が過ぎたところが、次々と出てき始めました。「勉強しすぎ」なのです。原因は医者には分からないのですが、私には分かります。勉強のしすぎです。能力を超えて勉強をしすぎたため、目に異常が出たのです。

進行役A　勉強して負担が来た？　それで、異常が出た？

大川隆法　はい。この人は、「そんなに勉強をする人ではない」のです。

進行役A　（苦笑）能力を超えた勉強をしすぎて、無理をすると……。

大川隆法　目が悪くなります。

進行役Ａ　目が悪くなってしまうんですか。

大川隆法　そうなんです。目を悪くしないと、情報が頭に入ってくるでしょう。情報をそんなに入れたくないから、体が目を悪くしているわけです。

進行役Ａ　つまり、潜在《せんざい》意識的に自分自身で……。

大川隆法　そんなものは、病気ではないんですよ。

進行役Ａ　病気ではない？

大川隆法　そう。病気ではないんです。頭がその情報量についていかないんです。

進行役A　なるほど。

脳が壊《こわ》れないように「自己防衛」が働いている

大川隆法　だから、「脳を壊《こわ》す」よりは、目を壊したほうがいいから、「目のほうを壊し」に入っているのです。

進行役A　ある意味で、犠牲《ぎせい》にさせているんですね？

大川隆法　はい。目が壊れなかったら、次は脳が壊れますからね。

対象者D　ああ、なるほど（笑）。

大川隆法　脳がオーバーキャパシティー（容量超過《ちょうか》）になります。コンピュータで言うと、全部真っ白になる感じでしょうか。ホワイトアウト、ブラックアウト……、どちらで言うかよく知りませんが、〝真っ白〟になる状態になるんですよ。

だから、一定のキャパを超えたら、もう入らなくなるものがあるでしょう？　今いろいろ入っている記録も、一定のキャパを超えたら「情報が全部消えてしまう現象」がありますけれども、それが起きるんですよ。

進行役A　なるほど。それで、目が〝パチン〟となるわけですね。

大川隆法　そうです。だから、脳がそうならないために、目のほうにまずきて、〝玄関口《げんかんぐち》〟で止《と》めに入っているというのが、この病気の原因なのです。

進行役Ａ　自己防衛というか、ホメオスタシス（生物が正常な状態を維持《いじ》する現象）ではないですけど……。

大川隆法　「自己防衛」なんです。あなた自身が崩壊《ほうかい》するよりも、目が崩壊したほうが、まだましであるわけです。「目が悪いために、私は、もうこれ以上は勉強ができない」ということで、防衛が働いているのです。

当会は、〝過酷《かこく》〟なのです。活字などを読む量が過酷なのです。

これについても、（Ａを指して）あなたのところの問題が出てきました。

進行役A　はい（苦笑）（会場笑）。自己責任の原則が返ってきております。

大川隆法　編集局はたくさん出版物を出しますが、〝くだらないもの〟は読まなくてもいいんですよ。

対象者D　はい（笑）（会場笑）。

「真理価値が低い」と見たら、無駄《むだ》な情報はパシッと切る

大川隆法　はっきり言えば、そんなに読むから、そんな病気になるのです。「これはくだらない」と思ったら、パッと切ってしまえばいいんですよ。

編集局は少ない人数で徹夜《てつや》して、グチャグチャとたくさんの編集を〝力仕事〟でやるでしょう？

進行役Ａ　はい。

大川隆法　その〝徹夜のおかげ〟で、病気になっているわけです。だから、「これは真理価値が低い」と見たら、そのようなものはパシッと切ってしまうことです。

対象者Ｄ　（笑）なるほど。

進行役Ａ　「情報選択《せんたく》」ですね。

大川隆法　情報選択をして、大事なところだけを読むのです。例えば、「総裁の論考だけを読んで、あとは写真と題を見たら終わり」とかいうように切ってしまえばいいんですよ。

ところが、たくさんつくってくるから、良心的な人の場合、全部、細《こま》かく暗記するまで読んでしまうのです。それが病気のもとなのです。

対象者D　なるほど（笑）。

大川隆法　ですから、そんなものを覚えようとすることが間違いです。私は全然覚えようとしませんからね。「見ても残らないもの」は忘れることにしています。

進行役A　そうですね。覚えたものだけが、つまり、濾過《ろか》されたもののみが残る……。

大川隆法　中身があるものは頭に残ります。中身のないものは覚えられません。無理に覚えようとしたら、脳にそうとうな負担がかかります。つまり、それを一生懸命《いっしょうけんめい》に〝ガリ版《ばん》〟で刷るように刷り込《こ》まなければいけなくなってしまい、脳がかわいそうです。

それでは〝キャパ〟を超えていきますので、もう少し大事なもののために、脳を取っておかなければいけません。「オーバーキャパシティー」が問題です。

「兄ぐらい勉強しなければいけない」という競争《きょうそう》の気持ちがある

大川隆法　もう一つの原因は、あなたの兄です。

対象者D　はい。

大川隆法　お兄さんが原因です。（幸福の科学の）現職なのに、言ってしまって申し訳ない。

進行役A　いえ、原因がどんどん分かります。

大川隆法　お兄さんも現職でおられるので申し訳ありませんが、兄が本を一生懸命に読む人なので、潜在意識下での競争《きょうそう》があります。「兄ぐらい勉強しなければいけない」という気持ちがあるわけです。

進行役A　「兄弟間の競争」のようなものがありますか。

大川隆法　そうです。あのくらい勉強して普通《ふつう》の人間だと思っているところがありますが、おたくのお兄さんは、普通ではないのだと思ったほうがいいですよ。

対象者D　普通ではない……（笑）（会場笑）。

大川隆法　そう。それだけ勉強している分、はっきり言って行動力は落ちていますから。それが兄弟の「個性の違い」なのです。あなたは野良《のら》仕事もできますが、お兄さんは野良仕事ができません。この違いがはっきりあるのだから、「個性の違い」を知っておいたほうがいいでしょう。

進行役A　なるほど。個性の違いを愛する……。

大川隆法　そうです。同じように生きようとしたときに、目に故障が出てきているのですから、やはり個性に違いがあるわけです。

だから、あなたの魂《たましい》には、もう少し「行動」にウエイトを置くほうが合っているのです。そういう行動的ではないほうで努力しようとすると、体に異常が出てくるのです。

進行役A　いやあ……、これは本当に驚《おどろ》きました。

勉強ではなく「行動力」のほうでカバーする

大川隆法　〝逆〟のことを言ってみましょうか。これは、兄弟間の恥《はじ》さらしになって喧嘩《けんか》になるかもしれませんが……。

対象者D　あ、いえ。

進行役A　大丈夫《だいじょうぶ》です。心の修行《しゅぎょう》が進んでおられると思いますので、大丈夫です。

大川隆法　四国の資料館に私の母がいますが、（過去に）あなたの兄を四国担当として一回送ったことがあります。一週間ぐらいで戻《もど》ってきていますが、（母は）彼を見た瞬間《しゅんかん》に、「この人は都会でしか通用しない人や。野良仕事もできん。弟のほうがよっぽどようできるわ」と言われました。その弟とは、あなたですよ。

対象者Ｄ　はい（笑）。恐れ入ります。

大川隆法　「弟のほうがよっぽどようできる。あの人は運転ができるし、野良仕事もできるし、雑用も何でもできる。あの人のほうがよっぽど使い出がある」と言ったわけです。私の母は、この違いをはっきり見分けています。

このように、世の中では、必要とされる仕事に種類があるわけなんですよ。

だから、違うんです。失明するぐらいだったら、ハッピー・サイエンス・ユニバーシティ（HSU）のほうに雇《やと》ってもらって、紫芋《むらさきいも》でもつくるなり、何なりしたほうがいいのではないですか。エネルギーにも、食料にもなるようなものでもつくるなり、何なりすればいいんですよ。

進行役A　（Dに）心を解放させるんですね。「心をリラックスさせる」という状態ですね。

大川隆法　あなたの頭では、そんなに勉強はできないんです。

対象者D　はい（笑）。

大川隆法　もう〝諦《あきら》めた〟ほうがいいと思いますね（会場笑）。当会には、秀才《しゅうさい》がたくさんいるのです。ゴロゴロいますし、それと競争しても勝てないから、もう諦めたほうがいいんです。

だから、それを「行動力」のほうで……。

（Dの手を指して）その手の大きさを見てくださいよ。それは、百姓《ひゃくしょう》ができる手ですよ。

対象者D　（笑）

大川隆法　その手は明らかにそうです。その手はどう見ても、鉛筆《えんぴつ》一本で生きていく手ではないでしょう。

だから、もう少し「行動力」のほうでカバーしたらいいと思います。

進行役A　行動力によって本来の力を発揮すると?

大川隆法　「読む量」をもう少し制限したほうがいいですね。あるいは、テレビや映画、DVDなど、いろいろあるかもしれませんが、その情報に少しシーリング(制限)をかけて減らしたほうがいいですよ。そうしたら、その目は必ずよくなると思います。

要するに、無理をしているのです。

英語教材の売り込《こ》みの「厚かましさ」に学ぶ

大川隆法　(Aを指して)あなたが〝原因〟で、病気や難病がたくさん出てくるじゃないですか(会場笑)。

進行役Ａ　（笑）えっ、私ですか！　本当にすべて痛々しいお話ばかりで申し訳ない……。ご指導を真心《まごころ》で受け止めさせていただきます。

大川隆法　「ここから先は、余力《よりょく》があればお読みください」とか、何かをしなければいけないですね（笑）。情報が増え続けているので、申し訳ないですね。

進行役Ａ　すみません。たいへん申し訳ありません。

大川隆法　（Ｄに）あなたは、自分が読んでいないのに人に勧《すす》めたら、良心の呵責《かしゃく》があるため、「仕事上、しっかり読んでおかないといけない」と思うのでしょう。

進行役A　やはり、「情報に対する選択が大事だ」ということですね。

大川隆法　そうです。

進行役A　そして、「個性」を愛して行動する……。

大川隆法　自分が読んでいなくても、人に勧められるぐらいの厚かましさがないと、人生は生きていけないですよ。行商《ぎょうしょう》などできません。

私の学生時代、英語の教材を売り込《こ》みにきた人がいましたが、「ところで、あなたは、これをマスターしたのですか」と訊《き》いたら、「いいえ。私はできていません」と言われました（笑）。その商品を三十万円で売ろうとしていたので、「それだけの効果があるのですか」と訊いたら、「いやあ、実は、私はできません」と言われたわけです。それに対して、私は「自分がやっていないものを人に売るのですか」と言ったのです。

また、「これだったら、英語がペラペラになって英検一級どころではないレベルまで行きます」と言われたので、「あなたは英検一級を取っているのですか」と訊くと、「取っていません」と言われましたし、「勉強しましたか」と訊くと、「していません」と言われたのです。

それでも「売ることはできる」のです。この〝厚かましさ〟を、多少は学ばないといけないですね。「自分はできないが、人には言える」という厚かましさです。

同じように、「僕《ぼく》は頭が悪いけど、あなたは頭がいいから、このくらいは読めるよ」などと言ったらいいのではないでしょうか。

対象者D　なるほど。

大川隆法　それが本当であれば、そうすればいいと思います。嘘《うそ》を言う必要はないけれども、そういう人もいるでしょう。それから、学生で読める人もいるでしょう。

目の病気は「勉強したくない」という魂《たましい》の意思表示

大川隆法　ただ、目が悪くなったら、やはり気をつけなければいけません。

　私たちの学生時代からそうですけれども、受験勉強がだんだんきつくなっていったため、眼鏡《めがね》をかける人がどんどん増えてきました。小学生の高学年ぐらいから眼鏡をかける人が出始めていましたし、塾《じゅく》が都会などで広がってきたら、眼鏡をかけている人の比率が多くなってきました。

　私たちの時代、田舎《いなか》でも進学校のトップ校へ行ったら、七割の人が眼鏡をかけていました。ただ、「七割の人が眼鏡をかけている」というのは、田舎の普通の状態ではないんですよ。普通、田舎の人は、日が暮れたら寝《ね》るべきであって、そんなに勉強してはいけないのです。

例えば、昔の電球の下《もと》で勉強をしていると、目が悪くなるわけです。それは無理をしているのです。

だから、あなたは、無理が来たんですよ。今は、〝目に来た〟のです。失明しても死にはしませんが、はっきり言えば、「勉強したくない」という魂《たましい》の意思表示なのです。

対象者D　はい。分かりました。

大川隆法　魂の部分が、「もう結構です」と言っているのです。兄は兄なんですよ。だから、放っておいたらいいんです。あの人はあの人なりに、勉強でもしていないと、自分の世界がつくれない方なんですから。

あなたはあなたの世界を生きたらよいわけです。もう少しこの世的な実際家としてやったほうが才能はあるのだから、気にしないで（世界を）分けてしまえばいいのです。

対象者D　はい。

「幹」と「枝葉」を分ければ、たくさん本が読める

大川隆法　それから、自分の〝ビット数〟というか、〝キャパ〟がどの程度かを見て、つまらない情報などをスマホで取ったりすることは、もうやめたらいいですよ。そんなものを見なくても死にはしないのです。全然、死にません。

私は、情報をかなり処理していますが、できるだけ入れないようにしていても増えてくるので、これを全部開けたら〝洪水《こうずい》〟ですよ。

だから、「見なくて済むものは見ない」「読まなくて済むものは読まな

い」ということが大事です。それでも、たくさんいろいろなものを見ますので、強迫《きょうはく》観念によって、「もっと見なければいけない。読まなければいけない」と思ったら、とてもではありませんが、かなりの量になってきます。

先ほど、末期ガンの人の話（第2章）がありましたが、私も同じぐらいの年になっているのに、裸眼で年数千冊の本を平気で読めるのです。眼鏡をかけていないし、コンタクトも入っていませんが、一・五です。そのままです。小学校のときから、大して変わらないですね。二・〇のときもありました。

なぜかというと、おそらく「幹《みき》」と「枝葉《えだは》」をとても簡単に分けてしまうからです。

進行役A　幹と枝を分ける力ですか。

大川隆法　はい。「幹の部分は何か」についてはパッと見ますが、枝葉のところなどは気にもしないで、パッサパッサと切っていくというか、捨てていくので、たくさん読めるのでしょう。

やはり、細かく一個一個の誤植《ごしょく》でも直すような読み方ばかりしていたら、目は悪くなります。

「アバウトさ」も賢《かしこ》さの一つである

大川隆法　新聞も細《こま》かい字でたくさん書いてありますが、まずはバーッと見て、「大事なことは何か」ということだけをつかんでから、その大事なところを読みます。

それから、全体的にパッと見て、アバウトに意味をつかんでいきます。新聞の中身など、そんなに覚える必要はないですし、翌日まですべて覚えている人などいないですからね。判断などに影響《えいきょう》するような大事なものがあれば、そこは読みますが、それ以外は、「大まかな流れを知っていればいい」という考えです。

そのへんの「アバウトさ」が要《い》るんですよ。大量の情報を処理していると、目が傷《いた》むか、頭が狂《くる》うか、どちらかに行くからです。

頭を守らないといけません。（Dの頭を指して）その頭も〝壊れ〟かかっているから、守らなければいけないわけです。

進行役A　（Dに）今、「アバウトさ」について総裁が教えてくださいました。

対象者D　そうですね。

大川隆法　アバウトに行かなければいけません。「アバウトさ」も賢《かしこ》さの一つなのです。

だから、アバウトでない人は、本当は賢いようで賢くないのです。受験勉強のような細かいところを知っている人が「賢い」と思われるかもしれませんが、それは人生においては「賢い」とは言えないのです。

人生においては情報量はもっと増えてくるので、何もかも細かく知っていることが大事だとは必ずしも言えません。もう少し、大事なところだけをバサッと押《お》さえて、「あとは、どうでもいいです。どちらでも対応できます」と言うぐらいの余裕《よゆう》が、ゆとりを生むのです。

対象者D　はい。

「情報遮断《しゃだん》」によって老眼が治った体験

大川隆法　目が悪いのであれば、絶対、読む量を減らしたらいいのです。読んだり、見たりする量を減らすことですよ。あるいは、耳も影響するかもしれませんから、耳から入るものも、少し削《けず》って減らしてみたらよいでしょう。

私も、目を治すときはそうしました。たまにしか悪くならないのですが、十年に一回ぐらいは、目が少し悪くなるときがあります。普段ものすごい量の本を読んでいるのですが、そういうときは一週間ぐらい止《と》めるんですよ。一週間ぐらいしたら、元に戻ってきて、回復するのです。

進行役A　情報のコントロールを自分でしっかり行《おこな》って、バランスを取るわけですね。

大川隆法　以前にも話したことがありますが、長男が中学受験のとき、いつもあまりに悪い成績ばかりを取っていたため、それを見ているうちに、私の目が見えなくなってき始めたのです。だんだん老眼になってきたので、「もう年かな。四十代になったし、年を取ったから老眼かな」と思ったことがあります。

四十代になったので、〝老眼年齢《ねんれい》〟ではありましたし、普通は、そのあたりで老眼になって、みな、老眼鏡をかけるようですが、老眼鏡をかけても、余計に目が悪くなるのです。老眼鏡をかけたり、外したりしていると悪くなるので、「これは精神性の問題かもしれない」と思って、一週間ぐらい「情報遮断《しゃだん》」をして放っておいたら、目が元に戻ってしまったのです。

やはり、精神性のところがあります。見たくないと、目が悪くなるんですよ。

進行役A　（聴聞《ちょうもん》席を指して）◯◯さんも、老眼を自分の念力《ねんりき》で止めました。

大川隆法　老眼が治った？

進行役A　はい。「若返り祈願」を受けて、すぐ治されました。

大川隆法　そうなんですか。

進行役A　一週間で治されました。（聴聞席を見て）違いました？

大川隆法　いや、彼は仕事をすることをやめて、治ったんですよ。

●**若返り祈願**　幸福の科学で執《と》り行われている祈願。エドガー・ケイシー特別霊指導の祈願であり、心の歪《ひずみ》を正し、視力回復・増毛・シワ伸ばし・美肌等、あらゆる若さの象徴を賜ることを祈る。

進行役A　そうですか（笑）。（Dに）やはり、〝先輩《せんぱい》〟から学ばないといけませんね。

真面目《まじめ》で神経質な人は「情報量」の調整を

大川隆法　だから、偉《えら》くなる人ほど、仕事をしないでも生きていける術《じゅつ》を身につけるのです。仕事をしないでも給料をもらって、居場所をもらって生きていける術を身につけるわけです。

そういう〝厚《あつ》かましい術〟を身につけないかぎり、生き残れないんですよ。「この教団で何十年も生き残る」というのは大変なことなのです。まともにやったら、みんな〝死んで〟いくんですよ。〝戦死者〟が続々と出てきますから。

対象者D　確かに、私は……。

大川隆法　真面目《まじめ》で神経質な人は、みんな、病気をして〝消えて〟いきますから、「アバウトさ」を持っていないと生きていけません。
そのへんが原因ですので、情報量を少し調整してください。

対象者D　はい。ありがとうございました。

進行役A　Dさん、本当におめでとうございます。

大川隆法　その目が見えなくなったわけですが、自分にとっては精神年齢が百歳《さい》まで行っているんですよ。もう気分が百歳ぐらいになっています。あなたが百歳までに入れていい情報をすでに入れてしまったのです。あなたの頭脳にとっては、そうでしょう。百歳分ぐらいまで入れてしまったんですよ。

進行役A　それで肉体が〝反乱〟を起こしているんですね。

大川隆法　そうです。肉体がもっと〝暴《あば》れたく〟なっています。

対象者D　（笑）

進行役A　（Dに）今日は、心の指針をつかまれて、おめでとうございます。よかったですね。

対象者D　ありがとうございます。

進行役Ａ　本当の原因が分かりましたね。

大川隆法　はい。

対象者Ｄ　ありがとうございます。

進行役Ａ　では、Ｄさん、頑張《がんば》ってください。

大川隆法　（Ａを指して）ほとんどの原因が、あなたから出ているのではありませんか（笑）（会場笑）。

進行役Ａ　いえ（苦笑）。そんな冷徹《れいてつ》に……（会場笑）。時間もなくなってきましたので……。

大川隆法　それでは、ありがとうございました。

進行役A　（Dに）治せると思いますので、頑張ってください。

（注。対象者は、両眼とも失明する危機ではあったが、本リーディングを受けた直後に左目の視力が一・〇〔眼鏡あり〕まで回復。本書発刊時点で、左：一・〇～〇・七、右：〇・六～〇・四を維持している）

POINT

- □ 病院で「治らない」と言われても、ストレートに信じてはいけない。
- □ 自分の知力以上に勉強しようとすると、「脳」が自己防衛のために情報をシャットダウンしようとして、「目」を視《み》えなくすることがある。
- □ 情報が溢《あふ》れているときは「情報選択《せんたく》」をし、「真理価値の高い情報」に絞《しぼ》って勉強するとよい。
- □ 「行動力」のあるタイプの人は、情報収集はアバウトにするに留《とど》め、実際家として手腕《しゅわん》を発揮《はっき》したほうがよい。

ことばの処方箋《しょほうせん》

「アバウトさ」も賢《かしこ》さの一つ

ヒーリングメッセージ 4

見えていなかった原因に気づくと、病気が治ることが多い

人間は、意外に考え違《ちが》いをしていることがあります。自分を客観視するのは難しいため、考え違いをしていて、何かほかのものに原因を求めていることがあるのです。病気は、その典型的なものです。

ただ、風邪《かぜ》などのように、通常よくある病気は物理的な原因で起きます。真冬に薄着《うすぎ》で外を歩けば、たいていは風邪をひきます。それは当たり前のことです。

そういう病気ではなく、治すのが難しい、重い病気になるときには、何か精神的な原因があります。しかも、実は、本人の気づいていないことが原因である場合が多いのです。自分に見えていない部分があり、それが水面下でずっと進行しているため、病気が進んでしまうことがあるわけです。

私の著書のうち、「病気治し」をテーマにしたものとして、『超《ちょう》・絶対健康法』という本があります。

これを、私の秘書の一人が、その人の祖父《そふ》に差し上げたところ、普段《ふだん》は当会の本を読まないのに、この本だけは読んでくださったそうです。そして、その人の祖父は認知症《にんちしょう》であったのに、同書を読んだだけで、それが医学的に治ってしまったのです。

これは、私の身近にいる人の話なので、信憑性《しんぴょうせい》が極《きわ》めて高く、相手も生存しているので、確認できる事例です。

このように、「当会の本を読んだだけで認知症が治る」ということも起きていて、「どのようなかたちで、どの病気が治るか」ということについては、いろいろなケースがあります。

ただ、本人が気づいていないことが原因で、病気になっている場合が多いため、「本人が病気の原因に気づくことによって、その病気が治る」という傾向《けいこう》が非常に強いのです。

心のなかには、自分には見えない部分があります。それが病気をつくっている場合には、真理に照らされることによって、そこを自覚すると、病気の崩壊《ほうかい》が起きはじめ、治ってしまうのです。

ただ、「心のなかのどこが、歪《ひず》んだり、間違《まちが》ったりしているか」ということについては、仏法真理《ぶっぽうしんり》の教学や法友《ほうゆう》たちとの会話などを通し、自分自身で発見しなければいけないのです。

CHAPTER

4

「余《よ》命《めい》九カ月」と宣告された男性の病気リーディング

対象者の家族から、「病気の特殊性《とくしゅせい》」や「症状《しょうじょう》」を聞く

進行役Ａ　それでは、四番目の方です。代理であるＨさん、お願いいたします。

お父様のＥさんの件で、今、非常に重く、難しい課題を抱《かか》えておられます。

大川隆法　お父さんですか。

進行役Ａ　はい、そうです。

質問者Ｈ　本日は、ありがとうございます。

大川隆法　はい。

質問者H　父の病気は、「指状嵌入樹状細胞肉腫《しじょうかんにゅうじゅじょうさいぼうにくしゅ》」という病名でして……。

大川隆法　すごく難しい病名ですね。

質問者H　はい。血液のなかの樹状細胞という「細胞のガン」です。これまでに、世界で百人ぐらいしかこの病気に罹《かか》っていないと報告されておりまして、日本では、私の父が「十三番目」だと言われています。

去年（二〇一三年）の九月に、「余命《よめい》九カ月」と宣告されたのですが、現在では、肉眼で見える範囲《はんい》の腫瘍《しゅよう》は消えておりまして、検査結果を待っているという状況《じょうきょう》です。

大川隆法　そうですか。（Ｅさんは）幾《いく》つぐらいになったのでしょうか。

質問者Ｈ　六十三歳《さい》になります。

大川隆法　以前、どこかの精舎《しょうじゃ》で館長をしていましたが……。

進行役Ａ　そうですね。仙台《せんだい》の「日本再建祈念館《きねんかん》」というところの館長をしておられました。

大川隆法　今は？

進行役Ａ　今は、病気を治すことに専念しておられます。

東日本大震災で亡くなられた方々の鎮魂、被災された方々の心の拠りどころ、復興支援の場として、震災後、いち早く開設された幸福の科学の日本再建祈念館（宮城県仙台市）。

大川隆法　そちらのほうに専念しているのですね。

進行役A　はい。

大川隆法　でも、あの人（Eさん）は、意外に、普通《ふつう》の人に比べて、肉体的な老化が早かったですね。

進行役A　はい。

体に「何百という数の腫瘍《しゅよう》」が現れた本当の原因

大川隆法　ほかに、何かありますか。それで以上でしょうか。

進行役A　この収録の直前には、病状として、「赤い斑点《はんてん》がたくさん出ている」ということをお聞きしましたけれども……。

質問者H　そうですね。昨年の五月に症状が出始めまして、お腹《なか》と背中、両腕《りょううで》、頭に、直径一、二センチの盛り上がった腫瘍《しゅよう》が、何百という数、出てきました……。

大川隆法　ああ……。
それは、〝場所〟が悪かったですね。
（Aに）あそこは、本来、あなたが行くべきところでした。前に一度、送られたことがありましたよね。

進行役A　ええ、仙台に参りました。

大川隆法　ただ、すぐに総合本部へ戻《もど》されたのでしたね。あなたがそこにいれば、この方が「病気にならなかった可能性」が……。

進行役Ａ　え!?　本当ですか！　私、困ってしまいますよ、先生（会場笑）。

大川隆法　あなたを、こちらへ戻したからねえ。

進行役Ａ　それでは、私の〝カルマ・リーディング〟になってしまいます（会場笑）。

大川隆法　東北で亡《な》くなった二万人の方々を供養《くよう》するために、あなたを送るべきだと、誰《だれ》か〝偉《えら》い人〟がおっしゃったので、そちらへ送ったのですけれども、その後、「総合本部にも必要なのではないか」ということで戻したのです。

あなたが行っていたら、その人が病気になっていないだろうから、おそらく、〝引き替《か》え〟ですね。

進行役Ａ　これは、私、とても〝重い人生〟になりました。今、そう強く思いました。

大川隆法　東北は「重い」のですよ。

確か、彼は東北・田沢湖正心館《たざわこしょうしんかん》にもいましたよね。

進行役Ａ　はい。

大川隆法　重いのですよ。東北は今、そういう「不成仏霊《ふじょうぶつれい》」が山と存在していますし……。

進行役Ａ　では、これは霊的な影響《えいきょう》ですか。

大川隆法　ええ、霊的なね。要するに、その体に現れている「斑点」は、・・・・・・・亡くなられた方の数です。それが出てきているのです。

進行役Ａ　そうですか。

大川隆法　これは、「霊的なもの」を、かなり受けていますね。やはり、あそこの館長は難しかったのでしょう。さらに、その前の（就任先の）東北・田沢湖正心館でも、だいぶ〝傷《いた》んで〟いると思います。

進行役Ａ　はい。

大川隆法　ただ、彼は、あちら（東北）向きの人ではあったのでね。

進行役Ａ　はい。もともと、水戸《みと》におられた方なのですが、出身の大学は東北大学だったので……。

大川隆法　商売を辞《や》めて、こちらへ飛び込《こ》んできた方だったのだけれども……。

進行役Ａ　はい。（当会に）奉職《ほうしょく》する前は、おにぎり屋さんの経営者をされていました。

大川隆法　単身赴任《ふにん》なども多かったし、心労《しんろう》もかなりあったと思いますが、もう一つ、この地で葛藤《かっとう》をいっぱい起こしているはずです。この人は、組織運営と人間関係で出てきた「歪《ひずみ》の部分」を受けたと思われますね。

津波《つなみ》の被害《ひがい》のも受けているけれども、〝板挟《いたばさ》み〟になるような「葛藤の部分」も受けていると思いますね。いろいろな葛藤とか人間関係の板挟みになりやすい性格なんですね。

対象者のタイプである「受け身型」とは

進行役Ａ　宗教家というものは、責任者になった場合、「その地域の想念を代理で受ける」というか、その地域の責任者として、責任を取って、そのようになっていく場合があるのでしょうか。

大川隆法　人によります。

進行役A　人によるのですか。

大川隆法　「念力型《ねんりき》」で、こちらが強く発信して跳《は》ね返すようなタイプの人は、そうはならないのですが、「非常に受けやすいタイプ」というのはあります。

進行役A　はあ。

大川隆法　つまり、「受け身型」の人です。宗教の教祖で言えば、「御振替《おふりかえ》型」の教祖は、そうなりやすいですね。
　信者の病気を治すのに、「そんな病気になって、かわいそうだ。自分のほうが引き受けてあげたい」というようなタイプ、御振替で、病気をもらってあげるようなタイプの人は、その信者の病気と同じものが、体のなかに出てきます。要するに、こちらが（病気を）〝吸《す》い込《こ》む〟わけですね。それで、信者のほうが軽くなるのです。

精舎では、祈願《きがん》も行《おこな》っているし、いろいろな病気治しも行っているし、数多くの人の人生の悩《なや》みを聞いているのですが、やはり、中心的な人のところに、その「マイナスの想念」が集まってくるわけです。

次に、「これをどう処理するか」というところの問題があるのです。

それは、今の放射性廃棄物《はいきぶつ》の処分場の問題と同じで、「どこに置けば、みんなが納得《なっとく》するか。なかなか納得できる捨て場がない」というような問題があるように、みんなの悩みの想念や引き受けたものを〝捨てる場所〟が必要なのです。

それを、〝ダストシュート〟に流すことができなければ、自分のところに溜《た》め込むことになって、「地下を掘《ほ》って、氷で凍《こお》らせて、そこにでも溜めておくしかない」というようになってくるのです。

彼のようなタイプは、「溜める」ほうですね。自分のなかに溜めているので、その想念が、いろいろな病変になって出てくるわけです。

だから、職業上発生したものだということは言えると思います。

東北に対する「鎮魂《ちんこん》」の部分を引き受けた対象者

進行役Ａ　ところで、〝溜めたもの〟は、どうやって出せばよいのでしょうか。

大川隆法　これには、「キャパを超《こ》えた部分」もあるのだろうとは思うんです。少し難しかった部分があったのです。

進行役A　Eさんがその地域にいたときですね？

大川隆法　ええ。だから、あなたが日本再建祈念館で館長をしていれば、彼は、病気になっていないでしょう。
何回も言って、ごめんなさいね（笑）（会場笑）。

進行役A　（苦笑）他の宗教施設《しせつ》を見ると、日本再建祈念館の数百メートル先には、阿含宗《あごんしゅう》の東北本部という、四階建ての大きい建物がありまし……。

大川隆法　ありますね。

進行役A　数キロ先には、創価学会《そうかがっかい》の大きな本部施設があり……。

大川隆法　いや、まあ、ほかのところは、そんなに関係ないと思います。

進行役Ａ　ああ、今回は……。

大川隆法　今回は、あまり関係ないと思いますね。やはり、教団として、東北の大震災《だいしんさい》の供養の意味で建てましたが、その「鎮魂《ちんこん》の部分」と、教団の運営のなかで「人間関係の葛藤や影響」を引き受けたのだと思います。性格的に「優《やさ》しい」のでね。

もう少し冷徹《れいてつ》に判断して、ビシッと、理性的に切ってしまえばできた部分ですが、「切れなかった部分が残った」ということです。

進行役Ａ　この方は、たいへん優しい方で、情《じょう》の方ですね。

大川隆法　ええ。だから、引き受けたのですよ。こういう人には、「おすがり」が来るのですね。

進行役A　「おすがり」ですか。

大川隆法　「未解決の問題や悩み、困っているようなことなどを、何とかしてほしい」という、〝おすがりの念波《ねんぱ》〟が来るのだけれども、実際上は、そういうタイプであるがゆえに、自分のところで抱えてしまうのです。

おすがりされたことを解決すべく、問題解決の答えをピシッと出すなり、それを総合本部に伝えて、「このようにすべきだ」という意見を、自分でガンガン言って解決するところまではできないでいるから、そこで、〝タンク〟になって溜まっていくのです。「それがいっぱいになると、病変になって現れてくる」ということですね。

潜在意識《せんざいいしき》で見ると、本人は、「自分の仕事寿命《じゅみょう》は、もう終わった」と判断していると思います。

当会の弟子《でし》には、けっこうそういう人が多いんです。「いっぱいいっぱい頑張《がんば》って、キャパを超えて、もたなくなって……」という感じになります。

さらに、孤立無援《こりつむえん》になるんですよ。

例えば、精舎の館長などです。まあ、支部長にもたまにありますけれども、精舎の館長などですと、相談するところがなくて、自分のところに、全部集まってくるのです。精舎には、さまざまな人が祈願に来たり、お願いをしたり、いろいろしているけれども、良心的に、「本当に、この人の悩みを解決できるであろうか」とか、「祈願は効くだろうか」とか、いろいろ思ったりします。

また、さまざまな人の悩みも受けたりしているので、それが溜まっていくれども、総合本部のほうにつないで相談しようとしても、本部のほうは、なかなか答えをくれはしません。

たいていの場合、それに答えられるのは、総裁一人しかいないのです。そういう案件が多いんですね。

総裁一人しか答えられない案件である場合は、まあ、総合本部のなかに、〝何枚〟か分かりませんけれども、理事長以下、たくさんいるというのは、これは、ダムの「堰《せ》き止め」のようなものです。

悩みなどがたくさん集まってくると、ものすごい数になりますので、これを堰き止めて、総裁のところまで上げるものを絞《しぼ》り込むために、〝関所《せきしょ》〟がたくさんあるようなものなのです。

その意味で、総裁に上げられず、自分で解決できなかった問題、答えをもらえなかった問題を抱えていき、それが多くなり、〝キャパ〟を超えると、病変が出るわけです。

病気の原因は「宗教家として背負える範囲《はんい》」を超《こ》えたこと

大川隆法　その病変は、間違《まちが》いなく、「宗教家として、背負える範囲《はんい》を超《こ》えた」というところから来ています。

進行役Ａ　魂には、「背負える範囲」というものがあるということですね。

大川隆法　「能力的に、超えた」のです。

進行役Ａ　能力的な問題が……。

大川隆法　明らかに超えました。

それを乗り超えるために、自分を鍛《きた》えるなり、何らかの法力《ほうりき》を身につけるなり、あるいは、強力な指導霊《しどうれい》がつくなり、何か助けがなければいけないわけだけれども、総裁のところから、〝直流電流的な指導〟を受けている日数が足りません。彼はそれほど受けていないので、十分に、それに対《たい》抗《こう》するだけの〝電流〟が流れていなかったということです。

そういう意味で、〝オーバーキャパ〟になったというところはあります。（Aに）「東北は大変だろうから、Aさんのように立派な修行《しゅぎょう》をなされた方を送って、供養《くよう》をさせたほうがよい」ということで、あなたはあそこへ送られたのに、すぐ帰ってきたでしょう？

進行役A　（苦笑）はい。

大川隆法　「総本山《そうほんざん》・日光《にっこう》精舎へ行って、評判がよかったので、あちらへ送ってみようか。Aさんならもつだろう」ということだったのですが……

（会場笑）。

進行役A　確かに、仙台正心館では、私が「天変地異」を調伏《ちょうぶく》する大きな祈願の導師《どうし》をした直後に、遠方《えんぽう》にいる実家の母が脳溢血《のういっけつ》で倒《たお》れるということがありました。今は元に戻って元気ですけれども、これは、自分に念波が〝来なかった分〟が、縁のある母のほうに流れて行ってしまったのかもしれません。すみません。

大川隆法　（Eさんは）真面目《まじめ》で優しいのだけれども、やはり、教団が大きくなるほど、〝受ける重量《じゅうりょう》〟は重くなってきます。

総合本部には、精舎活動推進局や指導研修局などがあるけれども、現実には、その精舎の一つひとつの悩みや祈願や相談などについて問い合わせても、すべてに答えをくれるわけではありません。

やはり、みんながみんな、そういう「霊能力」や「法力」を持っているわけではありませんから、答えられないところはあります。だから、みんな、〝テキスト〟などを読み、答えられる範囲内で済ませているけれども、やはり、苦しみは出てくるのです。

申し訳ないのですが、それは、「職業上、業務上の過労による病気」としか言いようがありません。

「おすがり」を突《つ》き放すだけの「理性の強さ」も必要

進行役Ａ　これは、ご本人が、こうした霊的な原因を理解したときに、何かが変化するのでしょうか。

例えば、原因を受け入れて、天上界《てんじょうかい》とよく同通をするなど、いろいろなことで、善転したり、好転したり、完治したり……。その方向は、どうでしょうか。

大川隆法　いやあ、それは〝逆〟で、「まだ生きている」ということ自体が、不思議なぐらいですね。

この人は、「受けやすい性格」であるし、「優しい性格」であるし、「女性に、けっこうやられるタイプ」ですが、こういう性格等から推定すると、今までもっただけでも、すごいことです。

進行役Ａ　本当ですか！

大川隆法　ただ、それでもウナギのように、適度にかわしてはいたと思われます。まともに受けていたら、もっときつかったでしょう。今は、お子さんも社会人になってこられたため、そのへんの重《おも》しというか、義務感が少し薄《うす》れてきたあたりで、病気として出てきたということだと思いますね。

だから、日本で何番目の病気だとか、そのようなことを誇《ほこ》る必要は何もないとは思いますが、私から見ると、普通の人間にはできない部分を、仕事として受けていたものの、「現実に、それが解決できているかどうか」というところに対して、良心の呵責《かしゃく》を感じるタイプなので……。

進行役A　良心の呵責を持つと？

大川隆法　ええ。そういうことを感じるタイプなので……。

進行役A　はい。

大川隆法　「解決していないかもしれない」という……、要するに、祈願したり、いろいろしているけれども、それに対して、一つひとつ感じるタイプだと……。

進行役A　「責任を取ろう」と思って、無理をする感じですか。

大川隆法　そう、そう、そう。そう感じるんです。

それと、いろいろな葛藤とか、人間関係の〝板挟《いたばさ》み〟になりやすい性格ですね。

だから、それについては非常に厳しいのですけれども、お釈迦《しゃか》様は、話のなかで、ときどき「つれない」と思うほど、〝ドライ〟な言い方をする場合があるのですが、あの程度突《つ》き放さないといけません。全部がすがってくる感じになると、やはり、生身《なまみ》ではとてもではないけれども、やり切れない部分があります。

基本的には、個人個人で自己処理をしていかなければならないでしょう。

「課題を解決するために、自分で努力し、解決できないものについては、それを受け止めて、それを背負って生きよ。十字架《じゅうじか》を背負って生きよ」と言って、突き放すだけの冷徹さというか、理性や強さの部分があれば、そこまで背負わないで済むのですけれどもね。

「みんな解決してあげたいという気持ちがあるけれども、力が足りない」という部分が露骨《ろこつ》に出ていますね。

まあ、これは、職業上の問題です。

客観的に見たキャパシティーよりも寿命《じゅみょう》が延びた理由

大川隆法　やはり、大きな精舎をつくると、それだけの重しがかかってくるし、今までの分が、ずっと積み重なってあるのでしょうね。

客観的なキャパシティーから見れば、現時点でまだ生きておられるということ自体が、そうとう「奇跡《きせき》」に近く、もう少し早く亡くなっていてもおかしくありません。

進行役Ａ　なるほど。

私も、ご本人から、「何回も危機を乗り越《こ》えた」という話を聞いています。

大川隆法　うーん。

進行役Ａ　メールなどで、直接やり取りしたこともありますけれども……。

大川隆法　先ほど、六十三歳と言いましたか。

進行役Ａ　はい。

大川隆法　直観的な感じですが、五十過ぎぐらいで亡くなっていても、おかしくないというぐらいの感じがします。

進行役A　（驚《おどろ》いて）そうですか。では、逆に、寿命《じゅみょう》を延ばしているのですね。

大川隆法　ええ。むしろ、延びています。

進行役A　はあー。

大川隆法　うーん。客観的に見たキャパよりも、十年ぐらい延びていますね。

それは、おそらく、お子様がたの成長を待つ意味で、頑張っていたのではないかと思います。

だから、この方は本来は良心的で、「霊的な影響」もすごく受けやすいし、「人間関係での板挟み」などの葛藤を非常に受けやすいタイプの人であるのですが、それでも、家族のために、寿命を延ばしてこられたところはあります。例えば、多少、魚には「ぬめり」があるでしょう?

進行役A　はい、「ぬめり」があります。

大川隆法　鱗《うろこ》のある魚でも、鱗のない魚でも、いちおう「ぬめり」があって、つかむと、ヌメッとして逃《に》げるように、あの「ぬめり」みたいなものが、人を守ることがあるんですよね。

あれがまったくなく、ツルツルだったら、魚屋さんは、料理しやすいので喜ぶのでしょうが、あの「ぬめりの部分」が、水のなかのいろいろなもの、つまり、自分の体に有害なもの、あるいは、敵の魚の攻撃《こうげき》など、いろいろなものをかわすのです。〝直撃〟をかわすために、「ぬめりの部分」があるんですよ。その「ぬめりの部分」が少しだけあるので、今、寿命を六十代まで延ばせているんですね。

対象者本人の「思いの持ち方」と「家族へのアドバイス」

大川隆法　本人的には、能力的に見て、将来的に、これ以上できるとは思っていません。おそらく思っていないと思うので、そういう意味で、自分を〝終活《しゅうかつ》〟させようとしている面があるように思います。

それに対して、「治ってほしい」と願う人もいるものだから、「治してほしい」という願いもあるので、治らないといけないのかなあ」という思いもあるようです。

それと、自分を〝終活〟……、まあ、〝終活〟というのは、終わりの……。

進行役A　はい。「あの世に行く準備」という意味の……。

大川隆法　あの〝終活〟ですけれどもね。

進行役A　はい。

大川隆法　「〝終活〟をしてしまいたい」という気持ちとが、今、葛藤している状況ですね。

まあ、仕事的には、もう十分になされたのかなとは思いますので、あとは、「ご家族の生きていく道」等がしっかり立つこと、もし、この世的に見て、お父様のご心配なされているようなことがあったら、それを早めに片付けていくことが大事でしょう。それを心配されているでしょうからね。

寿命そのものについては、正直に言って、本人に強い意志が感じられないので、微妙《びみょう》に厳しいところです。

周りができることとして、例えば、家族回りであれば、本人が生きているうちに、「解決」というか、「片付けていきたい」と思っているようなことをピシピシと片付けていって、周りが〝生涯《しょうがい》設計〟をつくっていくことで、心の負担は軽くなるでしょう。少なくとも心の負担は軽くなるので、その負担、荷物を少し減らしてあげることが〝浮力《ふりょく》〟につながっていく可能性はあります。

これについては的確なところまでは言えませんが、かなり〝重し〟はかかっています。まるで、〝レンガ〟のようなものを腰《こし》のベルトに縄紐《なわひも》でたくさんぶら下げて、水のなかから首を出して息をしているような状態に見えます。正直に言って、霊的にはそのような感じです。この〝レンガの部分〟について、切れるものがあれば切ってあげることです。

進行役A　切ってあげるわけですね。例えば、今持っている「執着《しゅうちゃく》」とか……。

大川隆法　そうですね。

進行役A　「悩み事」、「心配」、そうしたものを、少しずつ切っていって、浮力をつけていくという努力が……。

大川隆法　家族関係については細かくは知りませんけれども、「普通の人が普通に考えて解決していく」というか、減らしていくべき荷物など、父親として責任を減らせる部分はあるだろうと思うのです。

進行役Ａ　はい。

大川隆法　そうしていくことで、少しは負担が減りますのでね。

「原因・結果の法則」「縁起《えんぎ》の理法《りほう》」を昧《くら》ますことはできない

大川隆法　ただ、その後、それが全部好転するところまで行くかどうかは分かりません。先ほど申し上げたように、本人自身が、先の〝設計〟について、今のところほとんど希望を持っていないので、このへんがなかなか厳しいあたりかとは思います。

進行役Ａ　ご自身でビジョンを描くことが、とても大きなことなのでしょうか。

大川隆法　これは、基本的に、「信仰心《しんこうしん》のところの確立」をめぐって、そうとう精力を使ったことのダメージが大きいと思われます。魂的には、それでかなり〝消耗《しょうもう》〟していますね。心労の重さが、この病気に、水面下でそうとう影響を与《あた》えています。これは解決できない部分でしょう。

本当は、「すべてよかれ」と思っている人だと思うのです。「すべてがうまくいけばいいのに」と思っているのに、それができなかった。

進行役A　そういう判断における冷徹さというか、一面のこの……。

大川隆法　うん、うん。あるいは、「解決する能力が自分にあればよかったのに」という感じでしょうか。

進行役A　はい。

大川隆法　そういうところがあったと思うのです。

やはり、当会の人はみな優しくて、「救いたい」という気持ち、「いろいろな人を助けたい」という気持ちがあるので、それで無理をするところがあります。

しかし、阿含経《あごんきょう》で、お釈迦様が、「祈願すれば地獄《じごく》に堕《お》ちた人を救える」と言っている宗派に対して説いているように、やはり、「原因・結果の法則」、「縁起《えんぎ》の理法《りほう》」があって、それぞれの人間の「生前の生き方」が「死後の生き方」を決めるのです。

ところが、今では、その後の日本の宗派なども、みな、「生前、いろいろな悪業《あくごう》を積んでも、南無阿弥陀仏《なむあみだぶつ》や、南無妙法蓮華経《なむみょうほうれんげきょう》と言ったら救われる」というようなことを言っています。あるいは、「救われなかったら、百万遍称《べんとな》えたら救われる」など、いろいろ言っていますが、なかなか難しいものはあるわけです。

やはり、石を池に投げたら沈《しず》むし、油を入れたら必ず水の上に浮《う》かびます。そのように、この世で〝軽い〟というか、上等《じょうとう》な生き方をなされた方は、救わなくても浮いてくるところがあって天上界に上がるけれども、この世で悪業を重ねた方は、水の底に沈んでいく力はそうとうなものなので、祈願してもなかなか上げることはできません。

そういう意味での「自己責任」は各自にあるわけですから、精舎の導師《どうし》、あるいは館長といえども、救えないものもありますし、あってもしかたがないということです。

お布施《ふせ》をして祈願しただけで、人生を全部清算《せいさん》できると思うなら、それは甘《あま》すぎる部分があるでしょう。やはり、各自が自分自身で責任を取らなくてはいけないところがあるわけです。

シンプルに考え、淡々《たんたん》と「修行の道」を歩む

大川隆法　また、迷った場合、基本的には、総裁が判断した方向を信じてついていくしか方法はありません。あとは考えてもしかたがないことなのです。

さらに、高級霊からの影響だけでなく、霊界《れいかい》の悪魔《あくま》や悪霊《あくりょう》たちの暗躍《あんやく》もけっこうあって、邪魔《じゃま》も入ります。隙《すき》あらば、幹部だろうが誰だろうが、みなに入ってきて迷わせ、教団の発展を止めようとすることがあるのです。そういう、人間の目で分からないような混乱が起きることはあるので、それで迷ったら駄目《だめ》です。「黙《だま》って淡々《たんたん》とついていく」という、そういう「淡々とした気持ち」が要《い》るわけです。

進行役Ａ　淡々とした気持ちですか。

大川隆法　そう、そう。あまり優しすぎたり、執着しすぎたり、考えすぎたりしてはいけません。淡々と、みな「修行の道」を進んでいくことです。余計なことを考えずに、淡々と総裁が行く方向に、ただついていけばよいのです。

進行役Ａ　御心《みこころ》に従《したが》っていくと。

大川隆法　そう思えば、もうそれで済むんですよ。考えすぎるわけです。

進行役Ａ　やはり、シンプルに……。

大川隆法　そう、そう。「Be《ビー》 simple《シンプル》.（単純であれ）」ですね。それが大事なことだと思います。

「万」の単位の人の「悩《なや》み」を受け止めることは簡単ではない

大川隆法　だいぶ葛藤を受けているので、葛藤をつくったほうが悪いのか、受けたほうが悪いのかという言い方はあろうけれども、まあ、いわく言いがたいものはあるでしょう。本人にとっては「修行の課題」でもあったのだと思います。

（代理質問者のHに向かって）そういう意味では、お父様が解決するには、やや「重い問題」に数多くぶち当たっていたということです。

また、この部分についてはしかたがないかもしれませんが、それを軽くしようとした場合、家族部分で、彼の老後の心配に当たるところ、そのぶら下がっている〝レンガの部分〟を自分たちで少しでも切っていってあげることが大事です。それぞれが自立した個人となって、老後の設計まで各人ができるようにしていくことで、負担を軽くすることができます。

ただ、それが、寿命としてどこまで延ばせるかについては、今の段階では何とも言えません。

やはり、本人としては、潜在意識的には、「もう仕事が終わった」というか、「終わった」という言い方は失礼かもしれませんが、「この葛藤をこれ以上いろいろと受けるのは、もうごめんだ」と思っているところがあるのです。

進行役Ａ　「潜在意識」ですか。

大川隆法　潜在意識的に、「葛藤を、これ以上たくさんオン（上乗せ）されたら、もうかなわん」と思っているところがあるので、やや拒否《きょひ》している部分はあるでしょう。「仕事的に、それ以上できない」と思っている面はあるような気がします。

ただ、そうであれば、娘《むすめ》さんが活躍しているとか、そのようなことでも十分に〝浮力〟は出ますからね。

進行役A　お父様がご入院なされている最中に、娘様が奉職《ほうしょく》して〝出家《しゅっけ》〟されたということだそうです。

大川隆法　ああ、それはいいことですよ。

進行役A　ええ、そういうタイミングの〝流れ〟になっておりました。

大川隆法　ほかにも、家族の悩《なや》みなど、幾《いく》つか悩みは持っておられるでしょう。人の悩みを解決する立場であっても、自分の悩みだってあるわけです。

進行役A　（Hに向かって）何かございますか？

質問者H　大丈夫です。

大川隆法　（笑）そうですか。大丈夫ですか。

進行役A　ええ、しっかりと頑張っておられます。

大川隆法　いや、重いんですよ。「万」の単位の人の「悩み」等を受けたりするということは、大変なことです。普通の人間では無理で、そう簡単にできることではないのです。

万の単位の人から、「お願いです。何とかしてください。助けてください。救ってください」と言われても、救いたくても救えない。この悲しさはしかたがないのです。マグロ漁船《ぎょせん》に乗ってマグロを釣《つ》っても、釣りすぎた船が沈むような感じなのかもしれません。

頼《たよ》ってくれるのはありがたいですし、教団としては発展・繁栄《はんえい》しているようには見えても、やっているリーダーにとっては、重荷に耐《た》えかね、船が沈みそうな重さを感じているというところでしょうか。

進行役A　今日は、霊的にもこの世的にも、「キャパシティーの大切さ」についてお教えいただきました。また、「中道《ちゅうどう》からの発展」というのは、この点からも本当に深いものがあるなと痛感いたしました。

大川隆法　その意味では、あなたの年代で入った人で、今生き延びている人は、〝超人《ちょうじん》〟ですから。生き延びているだけでも〝超人〟です。

進行役Ａ　とんでもないです。

「責任ある仕事」ができる次世代の人材を養成する

大川隆法　やはり、次の世代の人たちの能力を開発して、能力が高そうな人に、「責任ある仕事」をしっかりとやってもらうことです。その振《ふ》り分けをして、育てることをしないかぎり、もたないでしょう。一定の年齢《ねんれい》がきた人たちは、みな次々と〝重さ〟で潰《つぶ》れていくことになるので、寿命を縮める可能性も高いのです。

ここは、もう少し上手にやっていかないといけません。

進行役Ａ　はい。

大川隆法　（Hに向かって）完全な答えにはならないけれども、お父さんとしては、仕事絡《がら》みで、魂的に「自分の能力のキャパシティー」を超えるところまでなされたのだと思うのです。

ただ、結果として、すべての人を幸福な解決に持っていけなかったことに対する「自責の念」が残っておられるようには思いますね。

それに対しては、お父さんは十分に頑張ったんだけれども、それから先は一人だけでは無理な世界になります。やはり、多くの仏弟子《ぶつでし》が立派になって、大勢で引き受けていかないかぎり、救えないところがあるわけです。「五人、十人なら救えても、百人なら救えない。千人なら救えても、万なら救えない。十万なら無理」というように、みなそれぞれ限度はあるのです。

そういう意味では、教団の広がりに合わせた人材を養成し、分担して重《おも》荷《に》を背負わないと無理なところはあります。

「わがまま」が原因の問題は、自分自身で悟《さと》らせることも大事

大川隆法　また、「各人が救ってもらうというだけではなく、自分ですべきことは、ピシッと片付ける」という方向性を教えないといけません。（病気になっているなかには）「わがまま」によって起きていることを信仰で治そうとしたり、救われようとしたりしているところも一部あるでしょう。

ご本人の「わがまま」にしかすぎない部分を、信仰に頼って救われたり、解決しようとしたりしている人もいるのです。

ただ、本人の「わがまま」で事件が起きたり、悩みが起きたりしている部分については、「自分自身で悟《さと》らなくてはいけないところもある」わけです。

進行役A　そういう場合には、「個人で悟れ」ということですね、他力《たりき》で救われるだけではなくて。

大川隆法　うん、うん。「そういう理由はありますよ」ということですね。先ほどのケース（第3章）のように、目が見えなくなる難病があっても、理由は、「単に本の読みすぎです。あなたの能力では無理なのです。そこまでやったらやりすぎです」ということです。

しかし、ただそれだけのことであっても、言われないとなかなか分からないわけです。

進行役A　はい。

大川隆法　車にも「制限速度」というものがあります。例えば、「ホンダは、その車を時速三百キロ出すようにはつくっていませんよ」ということです。「その車は、時速三百キロでは走れませんし、日本の道路は、そのようにはできていません。道路事情はそうなっていないので、必ず事故が起きます」と。

そういうことはあるでしょう。そのへんを知らなくてはいけません。

進行役A　「己《おのれ》自身を知る」ということを、改めて学ばせていただきました。

業務とのさまざまな「厳しい葛藤《かっとう》」が原因

大川隆法　やはり、業務上のさまざまな「厳しい葛藤《かっとう》」が原因だと思います。それが病気の原因なので、医者でそんなものを治せるはずがありません。治らないのです。医者では治らない病気です。

進行役A　法友《ほうゆう》一同で、Eさんに向けまして、愛念《あいねん》と真心《まごころ》でお祈《いの》りをさせていただきたいと思います。本当にありがとうございます。

質問者H　ありがとうございました。

進行役A　それでは、お時間となりましたので……。今日は、本当に尊い教えを頂きました。本当に、心から感謝させていただきたいと思います。

大川隆法　（リーディングでは）やや〝内部の問題〟ばかりが目立って、結局、外に出せなかったりするかもしれませんが。

進行役Ａ　いえいえ、とんでもないです。

大川隆法　何だか、あなたの名前ばかり出て、大変だったのではないでしょうか（会場笑）。

進行役Ａ　とんでもないです。編集上、うまく……（苦笑）（会場笑）。

大川隆法　（笑）〝老獪《ろうかい》〟に？

進行役Ａ　ええ、させていただきます。

大川隆法　ああ、そうですか。では、以上といたしましょう。

進行役A　まことにありがとうございました。

POINT

- 「念力型《ねんりきがた》」の人や「法力《ほうりき》」のある人は病気を跳《は》ね返すが、「受け身型」の人は、病念や不成仏霊《ふじょうぶつれい》の念を引き受けて、病気になりやすい。
- 真面目《まじめ》で優《やさ》しい性格の人のところには“おすがりの念波《ねんぱ》”が来て、溜《た》まっていく傾向《けいこう》がある。
- 本人の心配事や悩《なや》み等を家族が片づけることで、心の負担を軽くすることは可能。
- 人間関係の葛藤《かっとう》を引き受けすぎず、相手に対して「自分自身で悟《さと》れ」と指導するドライさも必要。

ことばの処方箋《しょほうせん》

悩み事を一人で
抱《かか》え込《こ》みすぎないこと

ヒーリングメッセージ
5

カルマとの積極的対決

「人間は永遠の魂修行《たましいしゅぎょう》をしながら、くり返しくり返し、地上に生まれ変わっている」という考え方をとり、この視点から現在の自分の魂修行というものを見たときに、「自分がいま試練と考えているものは、ほんとうは違《ちが》ったものではないのか」という、次の考え方が出てきます。

もう一度、転生輪廻《てんしょうりんね》や永遠の生命というものを土台にして考えたならば、どうなるでしょうか。全然違った考えが出てくるはずです。

特に、いま悩《なや》んでいること、まさしく悩みの中心となっているものは、みなさんの人生の問題集がいったい何であるかを教えているということなのです。「自分の人生の問題集が何であるのかを教えているのが、現在ただいまの悩み、特にいちばん深い悩みである」という教えを知っていただきたいのです。

「苦しみの渦中《かちゅう》にあると思いきや、いま自分は、今回の人生の問題集のなかで、いちばん大事な問題にさしかかっているのだ」「今回の魂修行にとっていちばん意味のあるところに、まさしくさしかかっているのである。これはおもしろい。エキサイティングである」――こうした考え方です。

実際は、みなさんの前にあって問題と見えているものは、〝蜃気楼《しんきろう》〟にしかすぎません。問題というかたち、悩みというかたちをとって現れている、みなさん自身のカルマにしかすぎないのです。

リング上での対決は、他人との闘《たたか》いではなく、みなさん自身のカルマとの対決です。これをノックアウトしなければいけません。それが今世《こんぜ》の使命なのです。

あとがき

人は意外と自分自身を知らないものだ。もっとはっきり言えば、自分の過去世《かこぜ》を知らないために、魂の傾向性を自己分析しかねている。そのため、みすみす病気のワナに落ちていくこともある。カルマとは「業《ごう》」のことであり、過去の行為の集大成《しゅうたいせい》でもある。自分のカルマを自覚するということは、本当の自分自身を知るということでもある。

中道《ちゅうどう》から外《はず》れた自分の生き方を一つ一つ点検していく時、人は自《おの》ずから自己の病気の原因に気づき、健康体に回復するための浮力《ふりょく》を持つ。

自分の心も体も、本人に経営が委《ゆだ》ねられている事業体のようなものだ。負の遺産《いさん》（借金）が多ければ倒産し、黒字体質（利益体質）なら、もう一段の活躍の可能性もある。

人生という名の問題集を、仏法真理を参考にしながら、解《と》き進んでいこうではないか。

二〇一五年　十月三十日

幸福《こうふく》の科学《かがく》グループ創始者兼総裁《そうししゃけんそうさい》　大川隆法《おおかわりゅうほう》

『病気カルマ・リーディング』ヒーリングメッセージ出典一覧

1 過去世のカルマや病気を透視するリーディング ……『不滅の法』143〜145ページ
2 カルマの刈り取りのしくみ ……『宗教選択の時代』93〜102ページ
3 「カルマの刈り取り」のために病気になる場合がある ……『奇跡のガン克服法』171〜174ページ
4 見えていなかった原因に気づくと、病気が治ることが多い ……『奇跡のガン克服法』95〜98ページ
5 カルマとの積極的対決 ……『常勝思考』103〜106ページ

『病気カルマ・リーディング』関連書籍

『不滅の法』（大川隆法 著　幸福の科学出版刊）
『ザ・ヒーリングパワー』（同右）
『心と体のほんとうの関係。』（同右）
『奇跡のガン克服法』（同右）
『宗教選択の時代』（同右）
『超・絶対健康法』（同右）
『常勝思考』（同右）

病気《びょうき》カルマ・リーディング──難病解明編──

2015年11月16日　初版第1刷
2024年7月19日　第3刷

著　者　大《おお》川《かわ》隆《りゅう》法《ほう》

発行所　幸福の科学出版株式会社

〒107-0052 東京都港区赤坂2丁目10番8号
TEL(03)5573-7700
https://www.irhpress.co.jp/

印刷・製本　株式会社 研文社

落丁・乱丁本はおとりかえいたします

ISBN978-4-86395-735-0 C0014

写真：p.19 WitR/Shutterstock.com, p.19 Anastasios71/Shutterstock.com, p.31 skipinof/PIXTA
装丁・写真（上記・パブリックドメインを除く）© 幸福の科学

大川隆法ベストセラーズ・幸福になるための悩み解決法

「幸福になれない」症候群

グッドバイ ネクラ人生

自分ではそうと知らずに不幸を愛している――こうした人々を28の症例に分け、幸福への処方箋を詳細に説いた“運命改善講座”。

1,650円

幸福への道標

魅力ある人生のための処方箋

不幸の原因は自分自身の心の問題にある――。自己顕示欲、自虐的精神、スランプなどの苦しみから脱出し、幸福な人生を歩むための道が示される。

1,313円

人生の迷いに対処する法

幸福を選択する４つのヒント

「結婚」「職場の人間関係」「身体的コンプレックス」「親子の葛藤」など、人生の悩みを解決して、自分も成長していくための４つのヒント。

1,650円

自も他も生かす人生

あなたの悩みを解決する「心」と「知性」の磨き方

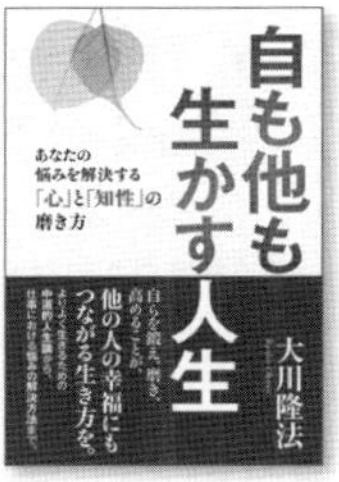

自分を磨くことが周りの人の幸せにつながっていく生き方とは？ 悩みや苦しみを具体的に解決し、人生を好転させる智慧が説き明かされた中道的人生論。

1,760円

幸福の科学出版

大川隆法ベストセラーズ・主なる神エル・カンターレを知る

太陽の法

エル・カンターレへの道

創世記や愛の段階、悟りの構造、文明の流転を明快に説き、主エル・カンターレの真実の使命を示した、仏法真理の基本書。25言語で発刊され、世界中で愛読されている大ベストセラー。

2,200円

永遠の法

エル・カンターレの世界観

すべての人が死後に旅立つ、あの世の世界。天国と地獄をはじめ、その様子を明確に解き明かした、霊界ガイドブックの決定版。

2,200円

永遠の仏陀

不滅の光、いまここに

すべての者よ、無限の向上を目指せ──。大宇宙を創造した久遠の仏が、生きとし生けるものへ託した願いとは。

1,980円

〔携帯版〕

1,320円

〔携帯版〕

幸福の科学の十大原理（上巻・下巻）

世界171カ国以上に信者を有する「世界教師」の初期講演集。幸福の科学の原点であり、いまだその生命を失わない熱き真実のメッセージ。

各1,980円

※表示価格は税込10%です。

幸福の科学グループのご案内

宗教、教育、政治、出版などの活動を通じて、地球的ユートピアの実現を目指しています。

幸福の科学

一九八六年に立宗。信仰の対象は、地球系霊団の最高大霊、主エル・カンターレ。世界百七十一カ国以上の国々に信者を持ち、全人類救済という尊い使命のもと、信者は、「愛」と「悟り」と「ユートピア建設」の教えの実践、伝道に励んでいます。

（二〇二四年七月現在）

愛

幸福の科学の「愛」とは、与える愛です。これは、仏教の慈悲《じひ》や布施《ふせ》の精神と同じことです。信者は、仏法真理をお伝えすることを通して、多くの方に幸福な人生を送っていただくための活動に励んでいます。

悟り

「悟り」とは、自らが仏の子であることを知るということです。教学《きょうがく》や精神統一によって心を磨き、智慧《ちえ》を得て悩みを解決すると共に、天使・菩薩《ぼさつ》の境地を目指し、より多くの人を救える力を身につけていきます。

ユートピア建設

私たち人間は、地上に理想世界を建設するという尊い使命を持って生まれてきています。社会の悪を押しとどめ、善を推し進めるために、信者はさまざまな活動に積極的に参加しています。

幸福の科学の教えをさらに学びたい方へ

心を練る。叡智《えいち》を得る。
美しい空間で生まれ変わる——

幸福の科学の精舎《しょうじゃ》

幸福の科学の精舎《しょうじゃ》は、信仰心《しんこうしん》を深め、悟《さと》りを向上させる聖なる空間です。全国各地の精舎では、人格向上のための研修や、仕事・家庭・健康などの問題を解決するための助力が得られる祈願《きがん》を開催《かいさい》しています。研修や祈願に参加することで、日常で見失いがちな、安らかで幸福な心を取り戻《もど》すことができます。

総本山・正心館

総本山・未来館

総本山・日光精舎

総本山・那須精舎

東京正心館

全国に27精舎を展開。

運命が変わる場所——

幸福の科学の支部《しぶ》

幸福の科学は1986年の立宗《りっしゅう》以来、「私、幸せです」と心から言える人を増やすために、世界各地で活動を続けています。
国内では、全国に400カ所以上の支部が展開し、信仰《しんこう》に出合って人生が好転する方が多く誕生しています。
支部では御法話拝聴会、経典学習会、祈願、お祈り、悩み相談などを行っています。

海外支援・災害支援

幸福の科学のネットワークを駆使し、世界中で被災地復興や教育の支援をしています。

毎年２万人以上の方の自殺を減らすため、全国各地でキャンペーンを展開しています。

公式サイト **withyou-hs.net**

自殺防止相談窓口

受付時間　火～土:10～18時（祝日を含む）

TEL **03-5573-7707**　メール **withyou-hs@happy-science.org**

視覚障害や聴覚障害、肢体不自由の方々と点訳・音訳・要約筆記・字幕作成・手話通訳等の各種ボランティアが手を携えて、真理の学習や集い、ボランティア養成等、様々な活動を行っています。

公式サイト **helen-hs.net**

入会のご案内

幸福の科学では、主エル・カンターレ 大川隆法総裁が説く仏法真《ぶっぽうしん》理《り》をもとに、「どうすれば幸福になれるのか、また、他の人を幸福にできるのか」を学び、実践しています。

入会

仏法真理を学んでみたい方へ

主エル・カンターレを信じ、その教えを学ぼうとする方なら、どなたでも入会できます。入会された方には、『入会版「正心法語《しょうしんほうご》」』が授与されます。

入会ご希望の方はネットからも入会申し込みができます。

happy-science.jp/joinus

三帰《さんき》誓願《せいがん》

信仰をさらに深めたい方へ

仏弟子としてさらに信仰を深めたい方は、仏《ぶっ》・法《ぽう》・僧《そう》の三宝《さんぽう》への帰依を誓う「三帰誓願式」を受けることができます。三帰誓願者には、『仏説・正心法語』『祈願文《きがんもん》①』『祈願文②』『エル・カンターレへの祈り』が授与されます。

幸福の科学 サービスセンター
TEL 03-5793-1727
（受付時間／火～金：10～20時　土・日祝：10～18時（月曜を除く））

幸福の科学 公式サイト
happy-science.jp

幸福実現党

内憂外患《ないゆうがいかん》の国難に立ち向かうべく、2009年5月に幸福実現党を立党しました。創立者である大川隆法党総裁の精神的指導のもと、宗教だけでは解決できない問題に取り組み、幸福を具体化するための力になっています。

幸福実現党　党員募集中

あなたも幸福を実現する政治に参画しませんか。

＊申込書は、下記、幸福実現党公式サイトでダウンロードできます。
住所：〒107-0052
東京都港区赤坂2-10-8 6階 幸福実現党本部

TEL **03-6441-0754**　FAX **03-6441-0764**
公式サイト **hr-party.jp**

HS政経塾

大川隆法総裁によって創設された、「未来の日本を背負う、政界・財界で活躍するエリート養成のための社会人教育機関」です。既成の学問を超えた仏法真理を学ぶ「人生の大学院」として、理想国家建設に貢献する人材を輩出するために、2010年に開塾しました。これまで、多数の地方議員が全国各地で活躍してきています。

TEL **03-6277-6029**
公式サイト **hs-seikei.happy-science.jp**

ハッピー・サイエンス・ユニバーシティ
Happy Science University

ハッピー・サイエンス・ユニバーシティとは

ハッピー・サイエンス・ユニバーシティ（HSU）は、
大川隆法総裁が設立された「日本発の本格私学」です。
建学の精神として「幸福の探究と新文明の創造」を掲げ、
チャレンジ精神にあふれ、新時代を切り拓く人材の輩出を目指します。

人間幸福学部	経営成功学部	未来産業学部

HSU長生キャンパス　TEL **0475-32-7770**
〒299-4325　千葉県長生郡長生村一松丙 4427-1

未来創造学部

HSU未来創造・東京キャンパス
TEL **03-3699-7707**
〒136-0076　東京都江東区南砂2-6-5

公式サイト **happy-science.university**

学校法人 幸福の科学学園

学校法人 幸福の科学学園は、幸福の科学の教育理念のもとにつくられた教育機関です。人間にとって最も大切な宗教教育の導入を通じて精神性を高めながら、ユートピア建設に貢献する人材輩出を目指しています。

幸福の科学学園
中学校・高等学校（那須本校）
2010年4月開校・栃木県那須郡（男女共学・全寮制）
TEL **0287-75-7777**　公式サイト **happy-science.ac.jp**

関西中学校・高等学校（関西校）
2013年4月開校・滋賀県大津市（男女共学・寮及び通学）
TEL **077-573-7774**　公式サイト **kansai.happy-science.ac.jp**

仏法真理塾「サクセスNo.1」

全国に本校・拠点・支部校を展開する、幸福の科学による信仰教育の機関です。小学生・中学生・高校生を対象に、信仰教育・徳育にウエイトを置きつつ、将来、社会人として活躍するための学力養成にも力を注いでいます。

TEL 03-5750-0751（東京本校）

エンゼルプランV

東京本校を中心に、全国に支部教室を展開。信仰をもとに幼児の心を豊かに育む情操教育を行い、子どもの個性を伸ばして天使に育てます。

TEL 03-5750-0757（東京本校）

エンゼル精舎

乳幼児が対象の、託児型の宗教教育施設。エル・カンターレ信仰をもとに、「皆、光の子だと信じられる子」を育みます。

（※参拝施設ではありません）

不登校児支援スクール「ネバー・マインド」

TEL 03-5750-1741

心の面からのアプローチを重視して、不登校の子供たちを支援しています。

ユー・アー・エンゼル！（あなたは天使！）運動

障害児の不安や悩みに取り組み、ご両親を励まし、勇気づける、障害児支援のボランティア運動を展開しています。

一般社団法人 ユー・アー・エンゼル

TEL 03-6426-7797

NPO活動支援

学校からのいじめ追放を目指し、さまざまな社会提言をしています。また、各地でのシンポジウムや学校への啓発ポスター掲示等に取り組む一般財団法人「いじめから子供を守ろうネットワーク」を支援しています。

公式サイト **mamoro.org**　ブログ **blog.mamoro.org**

相談窓口 **TEL.03-5544-8989**

幸福の科学

百歳まで生きる会～いくつになっても生涯現役～

「百歳まで生きる会」は、生涯現役人生を掲げ、友達づくり、生きがいづくりを通じ、一人ひとりの幸福と、世界のユートピア化のために、全国各地で友達の輪を広げ、地域や社会に幸福を広げていく活動を続けているシニア層（55歳以上）の集まりです。

【サービスセンター】TEL 03-5793-1727

シニア・プラン21

「百歳まで生きる会」の研修部門として、心を見つめ、新しき人生の再出発、社会貢献を目指し、セミナー等を開催しています。

【サービスセンター】TEL 03-5793-1727

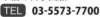